55位各行业大咖联袂推荐

刘天明	四会富仕电子科技股份有限公司（300852.SZ）董事长
范小冲	阳光100中国控股有限公司（02608.HK）副董事长
张 恒	北京三夫户外用品股份有限公司（002780.SZ）创始人＆董事长
王希全	卧龙地产集团股份有限公司（600173.SH）董事长
王小兰	时代集团公司总裁
刘世英	中国企业改革与发展研究会副会长、《总裁读书会》出品人
张传宗	肆拾玖坊实业有限公司创始人＆总经理
田开江	江苏柒号优联健康产业有限公司董事＆总经理
李爱国	杭州方田建筑设计事务所有限公司总经理
杨燕绥	清华大学医院管理研究院教授、博士生导师
卢本卓	中科院数学所研究员＆教授
聂梅生	全联房地产商会创会会长
鲁为华	北京长寿俱乐部总经理
刘英男	北京奋斗致远文化传媒股份有限公司总经理
徐峻华	奥美之路（北京）健康科技股份有限公司董事长
张丽文	北京商务中心区国际招商服务有限公司总经理
马 兰	北京爱朗之星教育科技有限公司联合创始人
柯 钢	北京库蓝科技有限公司总经理
张 鑫	北京麦格视觉文化传播有限公司总经理
王晓东	上德大象（北京）文化发展有限公司大股东（实控人）
叶思儒	易维（海南）投资有限公司总经理
张 军	福寿康集团董事长
冯 博	北京红舞鞋文化艺术有限公司总经理
刘婷婷	福建瑞轩企业管理集团有限公司大股东（实控人）
陈 芳	容诚会计师事务所合伙人、注册会计师
周宏光	龙塑资本创始合伙人
谈文舒	梅花创投董事总经理
徐 勇	天使成长营/AC加速器/共进社创始人

55位各行业大咖联袂推荐

汤明磊	盛景嘉成基金合伙人、桐创产业加速器创始人
靳 伟	AA加速器原联合创始人
张 琦	深圳市与君创业投资管理有限公司总经理
卢 椰	上海戎牛管理咨询合伙企业董事
王 方	北京创吧北鼻信息科技有限公司董事长
林 峰	知名影视媒体人
刘兴亮	知名互联网学者
丹 青	北京广播电台法制节目主持人
李 文	混序部落创始人
林 少	十点读书创始人
秋 叶	秋叶品牌创始人、《秒懂视频号》作者
写书哥	资深图书出版策划人、知名微博博主
张 萌	青创繁星创始人、知名自媒体博主
粥左罗	知名公众号博主
肖逸群	星辰教育CEO、视频号知名博主
萧大业	上海萧大业文化传媒中心主理人、视频号知名博主
卢战卡	自媒体知名博主
张春红	北京联华大通教育科技有限公司创始人
许秀胜	北京爱护教育科技有限公司董事长
沈莉颖	青岛境语景观规划设计有限公司总经理
齐 楠	北京邮电大学海外人才创业园副主任&硕士生导师
战 雁	普华永道（中国）高级合伙人
赵 伟	萃智指南者教育科技（北京）有限公司总经理
朱 超	理享家集团/AP资产CEO
龙东平	原蘑菇租房联合创始人、知名视频号博主
Y Y	小猪扑满商城创始人、私域百万粉丝意见领袖
王晓丹	漆柏安晟國際投资有限公司董事长

新合伙人制度

续志强 ◎ 著

内 容 提 要

本书共计10章,包括合伙人制度的基本内容及落地方法、合伙的主要模式及股权设计,初创企业的合伙人制度及常见问题,合伙的资本策划,合伙模式的三种新形态,首次提出新合伙人制度与阿米巴经营模式结合,合伙的社群化,合伙中常见的风险,打造合伙力的实用方法等。读者从书中不仅可以获得具体的实操方法,还能了解合伙人制度运作的底层逻辑。

本书内容通俗易懂,案例丰富,实用性强,特别适合中小企业经营者、正在创业和想要创业的读者阅读,也适合希望突破瓶颈、扩大事业的大中型企业高管阅读。另外,本书还适合开办创业创新、合伙人制度及股权设计相关课程的院校及培训机构使用。

图书在版编目(CIP)数据

新合伙人制度 / 续志强著. —北京:北京大学出版社,2022.11
ISBN 978-7-301-33441-6

Ⅰ. ①新… Ⅱ. ①续… Ⅲ. ①合伙企业-企业制度 Ⅳ. ①F276.2

中国版本图书馆CIP数据核字(2022)第183160号

书　　　名	新合伙人制度 XIN HEHUO REN ZHIDU
著作责任者	续志强　著
责任编辑	刘　云　孙金鑫
标准书号	ISBN 978-7-301-33441-6
出版发行	北京大学出版社
地　　　址	北京市海淀区成府路205号　100871
网　　　址	http://www.pup.cn　　新浪微博:@北京大学出版社
电子邮箱	编辑部 pup7@pup.cn　　总编室 zpup@pup.cn
电　　　话	邮购部 010-62752015　　发行部 010-62750672　　编辑部 010-62570390
印　刷　者	北京中科印刷有限公司
经　销　者	新华书店
	880毫米×1230毫米　32开本　9印张　233千字
	2022年11月第1版　2024年8月第2次印刷
印　　　数	5001-7000册
定　　　价	69.00元

未经许可,不得以任何方式复制或抄袭本书之部分或全部内容。
版权所有,侵权必究
举报电话:010-62752024　电子邮箱:fd@pup.cn
图书如有印装质量问题,请与出版部联系,电话:010-62756370

时光进入了2022年,由于疫情反复、经济增长速度放缓等因素,注定这将是不同寻常的一年。

元旦刚过,笔者收到了一封来自浙江制造业一位企业家的邮件。他在邮件中说,去年(2021年)公司的副总离职了,还带走了两位资深业务员,他非常大度,当时还把手里的客户直接送给了他们。之后,双方在对方公司交叉入股,成了彼此的合伙人。现在,那位副总离职后成立的新公司,已经是这位企业家所在公司最大的客户。他感慨道,以前在同一家公司的时候,大家渐行渐远;现在分开了,反而经常聚会,而且不用再给他们发工资、交社保,年底自己还有分红。

这位企业家悟出了一个道理:对于有能力的人,还是应该让他们出去创业,之后大家可以合作共赢。老板如果给不了高工资,就不要拴住有能力的员工,毕竟强扭的瓜不甜。

上文中这位企业家实践的是一种合伙人制度,这种制度不同于常见的企业内部裂变创业模式,而是企业外部裂变创业模式,是一种创新模式,并且取得了很好的效果。

国内中小企业常常面临融资难和人才激励失效的问题,归结起来有两类:一类是找钱的问题,另一类是找人的问题。

"找钱"一般可以通过股权融资和债券融资来实现。股权融资需要把握融资节奏和公司控制权之间的平衡，否则公司的控制权就有可能"旁落他家"，甚至出现类似乔布斯被苹果董事会赶出自己一手创办的公司的惨剧。债券融资主要有担保风险和财务风险，是以信用担保或资产抵押为代价的。

"找人"是最困难的，也是最复杂的，要留住有能力的人才更是难上加难！中小企业经营者们时常苦恼：靠什么吸引和留住人才呢？薪酬绩效激励机制虽然能够发挥一定的作用，但也会造成员工只关注业绩目标，而忽视公司中长期发展目标；授予员工股权，培养员工成为合伙人，虽然能让员工对公司的发展产生良好的期待，但如果只注重股权设计，而忽略打造共同的价值观，也会造成合伙人只为自己的股权而奋斗的局面，一旦IPO（首次公开募股）上市后便套现离职，无法与公司成为利益共同体。因此，合伙人制度仅仅做到利益捆绑还不够，还要有梦想的捆绑，以及共同的价值观。

真格基金联合创始人徐小平曾说过，合伙人的重要性超过了商业模式、行业选择和风口论。本书的编写目的是，为中小企业经营者和创业者提供打造有效合伙人制度的相关知识、工具和实用案例，助力企业实现十倍速增长的目标。

本书主要内容

本书第1章介绍了合伙人制度与经营战略的关系，以及合伙人制度落地的六维模型，即顶层设计、模式设计、股权设计、资本策划、财税法律及合伙力。顶层设计主要包括公司的商业模式设计、资本策划和公司治理结构三个方面，这也是合伙人制度中最重要的部分，相当于人体的中枢神经系统。

第2章主要介绍了合伙的模式设计，包括虚拟合伙、事业合伙、股东合伙、生态链合伙及平台合伙五种模式。华为的TUP（Time Unit Plan，时间单位计划）属于虚拟合伙模式，是把利润的一部分分配给参与计划的员工。事业合伙模式中介绍了宗毅创立的"企业内部裂变创业"模式，即选举有能力的内部人才担任新成立的子公司的总经理及管理层，并让其出资入股。生态链合伙模式则常见于企业的上下游企业及经销商之间，建立一种"共存共荣、合作共赢"的关系。

第3章介绍了合伙的股权设计，主要内容有股权激励设计、人力股的设计、股权众筹的设计。

第4章包括初创企业合伙人组合的三种模式，即恒星组合模式、双子星组合模式、三角星组合模式，还包括初创企业股权设计的基本原则和需要避开的那些坑。

第5章介绍了合伙模式中的资本策划，这也是中小企业经营者普遍关心的内容。从广受瞩目的科创板到北交所（指北京证券交易所），详细介绍了各个资本市场对于企业融资的政策和相关要求。最后介绍了一家企业从初创到经历了内外部合伙，再到引进融资，直到IPO上市的不同发展阶段，可以对企业的全生命周期有一个清晰的认识。

第6章主要介绍了合伙模式的三种新形态："首次股东团队组建"模式、"把用户变成合伙人"模式及"与海外企业合伙，共创共赢"模式。第三种模式会随着中国企业不断走向国际市场，通过出资入股或并购等形式，与海外企业构筑一种新型的合伙模式。这部分内容首次出现在本书中，是一个亮点。

本书的另外一个亮点是第 7 章的内容，即**"新合伙人制度：与阿米巴经营模式的结合"**。稻盛和夫发明的阿米巴经营模式主要包括阿米巴经营体制、阿米巴经营会计和京瓷经营哲学三部分内容，它与股权激励制度等工具相结合，打造出了不同于以往只倾向于股权设计技巧的合伙人制度。笔者相信，它能为中小企业的发展提供新的动能。第 7 章还介绍了国内推广阿米巴经营模式的成功案例：韩都衣舍的"三人小组制"模式和海尔的"人单合一"模式。

合伙模式最终会走向何方？合伙模式的终极形态是社群化。第 8 章从生态圈与社群化的异同说起，介绍了打造社群化，以及取得成功的代表案例：肆拾玖坊和海尔。前者通过社群化模式，构建了一个有几百万精准用户支持的白酒"新物种"，而海尔则演变成为一个"无边界"的创客平台。

风险总是与机会并存的，合伙人制度也同样适用。第 9 章主要介绍了常见的风险，包括章程的风险、涉税的风险、静态设计的风险及落地实施的风险，同时介绍了相应的对策。

在第 10 章中，笔者首次提出了"合伙力"的概念，即支持合伙人制度行稳致远的底层基础。

合伙力 = 共同的价值观 × 互补的能力 × 勤勉尽责的热情

没有共同价值观的合伙人制度，不会稳定和长久。这是很多中小企业企业家的"通病"，即比较重视合伙模式中的工具和手段，过多地关注"术"的层面，而不够重视"道"的层面（价值观）。第 10 章介绍了打造合伙力的三种方法和华为合伙力的案例。

本书通过国内外大量案例，通俗易懂地介绍了合伙人制度的相关知识和工具，读者可以拿来就用。合伙人制度本身是一个跨学科的内容体系，涵盖了财务、税务、人事及资本等多个维度。笔者得益于多年在世界 500 强企业任高管的经历及积累的企业商业咨询经验，以深入浅出的方式将合伙人制度介绍给大家。

最后，特别感谢龙翌资本的创始合伙人周宏光先生、肆拾玖坊酒业运营总经理兼 CEO 助理陈宁先生、河北卓联律师事务所续剑律师及北京大学出版社编辑对于本书成书给予的帮助。

将此书献给一直理解和支持笔者的太太。

中企联中小企业管理咨询服务专家

续志强

温馨提示：

❶ 本书附赠作者精心制作的 22 个中外著名合伙人案例音频课程，读者可用微信扫描右侧二维码关注公众号，并输入 77 页资源提取码获取下载地址及密码。

资源下载

❷ 作者还精心录制了视频课程，读者如有需要，可扫右侧二维码与作者联系。

作者微信号　　公众号

目录
CONTENTS

第1章 | 人人皆是合伙人的时代 // 1

　　1.1 从雇佣时代到合伙人时代 // 2

　　1.2 合伙人制度的落地方法 // 8

　　1.3 合伙人制度的顶层设计 // 13

第2章 | 合伙的主要模式 // 21

　　2.1 虚拟合伙 // 22

　　2.2 事业合伙 // 38

　　2.3 股东合伙 // 82

　　2.4 生态链合伙 // 103

　　2.5 平台合伙 // 109

第3章 | 合伙的股权设计 // 114

　　3.1 股权设计是合伙的根基 // 115

　　3.2 人力股的设计 // 125

　　3.3 股权众筹的设计 // 129

第 4 章 初创企业的合伙人制度 // 136

4.1 合在一起,共创未来 // 137

4.2 初创企业合伙人组合的三种模式 // 140

4.3 初创企业的股权设计 // 142

4.4 初创阶段需要避开的那些坑 // 145

第 5 章 合伙的资本策划 // 149

5.1 中国资本市场概观 // 150

5.2 合伙与 IPO 上市 // 156

5.3 企业的 IPO 之路 // 163

第 6 章 合伙模式的新形态 // 184

6.1 合伙模式新形态之一:首次股东团队组建 // 185

6.2 合伙模式新形态之二:把用户变成合伙人 // 189

6.3 合伙模式新形态之三:与海外企业合伙,共创共赢 // 193

第 7 章 新合伙人制度:与阿米巴经营模式结合 // 205

7.1 何为阿米巴经营模式? // 206

7.2 阿米巴经营模式的两大支柱和一个根基 // 209

7.3 阿米巴经营模式的成功案例 // 219

7.4 结合阿米巴经营模式,建立新合伙人制度 // 223

第 8 章 | 合伙的社群化 // 227

8.1 合伙模式的终极形态是社群化 // 228
8.2 肆拾玖坊的众创模式 // 231
8.3 海尔的"平台型企业"梦想 // 234

第 9 章 | 合伙的风险防控 // 240

9.1 章程的风险 // 241
9.2 涉税的风险 // 245
9.3 静态设计的风险 // 253
9.4 落地实施的风险 // 258

第 10 章 | 志存高远,合伙共赢 // 262

10.1 时代呼唤"真合伙" // 263
10.2 打造合伙力 // 266
10.3 打造共同的价值观 // 270

后记 // 273

案例索引

案例 1-1	小米早期的用人模式,看候选人是员工还是合伙人心态? // 3
案例 1-2	新东方"三驾马车"的合伙人之路 // 5
案例 1-3	安徽中鼎集团1日元收购普利司通减震橡胶业务 // 7
案例 1-4	初创公司A巧用合伙人制度,倍受资本市场青睐 // 8
案例 1-5	X公司通过顶层设计实现销售收入增长1.6倍 // 14
案例 1-6	一个合伙人制度带来的惨痛教训 // 18

案例 2-1	华为的TUP:虚拟递延分红计划 // 22
案例 2-2	运用虚拟合伙模式,永辉超市打造了"新零售帝国" // 27
案例 2-3	某影视文化传媒公司的外部合伙人招募计划 // 33
案例 2-4	堪称经典的阿里巴巴合伙人制度 // 40
案例 2-5	A公司的事业合伙人的综合评估模型 // 43
案例 2-6	投资人投资A公司1000万元,占股多少? // 45
案例 2-7	一家新消费领域的初创企业的估值 // 46
案例 2-8	小马奔腾创始人与资本对赌失败,遗孀继承其负债 // 51
案例 2-9	格力电器第一期员工股权激励计划,为何实行效果不理想? // 53
案例 2-10	X公司与Y博士的专利技术出资纠纷 // 57
案例 2-11	C先生随着三夫户外的IPO上市,成功套现退出 // 63
案例 2-12	春雨医生创始人意外身亡,其遗孀能继承他的股权吗? // 64
案例 2-13	马化腾如何仅用100万元控制万亿规模的"腾讯系"企业群? // 67
案例 2-14	内部裂变创业模式让老板变得"无事可做" // 73
案例 2-15	"网红"因股权问题起诉MCN公司 // 84

案例 2-16	京东在美股市场的投票权委托 // 91
案例 2-17	小米成为首家以 AB 股架构在港交所上市的公司 // 94
案例 2-18	张三仅用 133 万元，控股一家注册资金达 1000 万元的公司 // 95
案例 2-19	股东未届出资期限而转让公司股权的，对公司债务承担连带责任 // 100
案例 2-20	腾讯教育推出的城市合伙人计划 // 107
案例 2-21	国资携手平台型企业组成基金，拯救困境中的苏宁易购 // 109

案例 3-1	特斯拉的股票期权计划真的这么吸引人吗？ // 116
案例 3-2	科创板申报企业境内架构的首例上市前授予、上市后行权的期权激励计划 // 122
案例 3-3	X 公司的人力股占比多少合理？ // 125
案例 3-4	京东股权众筹平台 // 130
案例 3-5	天使融资众筹平台的积极尝试 // 133
案例 3-6	"轻领投"模式的推出 // 134

案例 4-1	小黄车完结于三次"一票否决权" // 143
案例 4-2	合伙人出资是股权还是借款？ // 146
案例 4-3	小米公司创始人雷军当初的"三人公司" // 146
案例 4-4	A 公司的融资是否会导致创始股东丧失公司控制权？ // 147

案例 5-1	万科股权之争背后的恶意并购 // 158
案例 5-2	火花思维采用 VIE 架构，开启赴美上市之路 // 161
案例 5-3	九号智能成为首家在科创板发行 CDR 的上市公司 // 162

| 案例 6-1 | 第 178 位投资人面谈约 2 小时后决定投资 100 万 // 185 |
| 案例 6-2 | 国内企业通过跨境 M&A，收购日本企业 // 194 |

案例 7-1	"强哥餐厅"的股权结构及阿米巴组织划分 // 210
案例 7-2	"强哥餐厅"的内部交易定价 // 212
案例 7-3	"强哥餐厅"的阿米巴经营会计 // 216
案例 7-4	稻盛和夫创立 KDDI // 218
案例 7-5	韩都衣舍的"三人小组制"模式 // 219
案例 7-6	阿米巴经营模式在海尔集团的变形 // 222

| 案例 8-1 | 肆拾玖坊的创业之路 // 231 |

案例 9-1	股权的平价转让是否需要缴纳个税？ // 245
案例 9-2	大股东李四的行为是否有涉税风险？ // 247
案例 9-3	股东张三的行为是否有涉税风险？ // 252
案例 9-4	S 公司如何动态分配 30% 的股份？ // 255
案例 9-5	经销商合伙人的动态合伙模式 // 256

| 案例 10-1 | 浙江 A 公司的合伙人散伙闹剧 // 264 |
| 案例 10-2 | 合伙力三要素是华为合伙人模式的核心 // 268 |

第1章 人人皆是合伙人的时代

当今的中国社会已经进入了一个商业活动空前繁荣的时代，国有制企业和民营企业都在其中扮演着重要的角色。在这当中，有关合伙人的形形色色的故事，每天都在我们身边上演。大家熟悉的小米的合伙人故事，就是一个经典案例。创始人雷军历尽周折找到了几位志同道合的专业级合伙人，共同打造了小米智能手机，并在中国香港成功上市。

现代合伙人制度诞生于西方社会，常见于咨询公司、律师事务所、会计师事务所、投资银行等知识和技能人才聚集的行业。例如，世界级领先的全球管理咨询公司麦肯锡（成立于1926年）采用的就是合伙人制度，公司的所有权和管理权完全掌握在近600位在位的高级董事（资深合伙人）和董事（合伙人）手里。要想成为麦肯锡的合伙人，需要跨过很高的门槛。不仅要求候选人有很高的业务水平，能够为公司的发展做出很大的贡献；还要求候选人出资购买股票期权，共同分摊经营成本，共同承担经营风险。

通过观察中外企业兴衰成败的历史不难发现，一个企业要想做大做强，单凭几个创始人单打独斗，而没有适合的合伙人制度和股权设计作支撑，那将很难成功；而认为只要有了好的合伙人制度和股权设计，公司就能变得"无所不能"的想法，也是片面而不切实际的。

1.1　从雇佣时代到合伙人时代

据国家统计局的统计数据，截至 2020 年末，我国市场主体总数达 1.4 亿户（含个体户），其中，中小企业的数量超过了 4000 万，平均每天新登记企业 2.2 万户。这些数据反映出，在 2014 年国家推出"双创"政策，大力支持创新、创业的时代背景下，创业热潮席卷华夏大地，中国已成了与美国比肩的"创业大国"；同时，尽管自 2020 年初以来，中国经济受疫情影响倍受冲击，但中国市场依然体现出强大的活力和吸引力。

由此可见，中国社会已经迈入了一个市场经济高速发展的时代，换个角度来看，亦是一个合伙人"共创共赢、共享共担"的时代。

21 世纪，中国社会已经进入了一个人人皆是合伙人的时代。

"人人皆是合伙人"，不一定是指每位员工都在企业中持股，而是指全体员工都拥有主人翁的心态，把公司的发展当作自己的事业，与公司形成共同创造、共担风险、共享收益的关系。

1.1.1 合伙人的定义与特点

案例 1-1 小米早期的用人模式,看候选人是员工还是合伙人心态?

小米创立早期就对选择什么样的员工有一个比较清晰的标准,同时也清楚对于一个公司的员工来讲,期权制度才是他们真正关心的东西。

时至今日,小米创办已有十余年,早期的很多老员工现在仍然在公司工作,原因就是公司早期的合伙人制度和利益体系制度设计得非常规范。同时,员工对创始人雷军也十分信任。利益共享机制让员工觉得自己是公司的股东、创始人,他们愿意与公司同进退。

像小米早期那样,即公司处于流动性很大的时期,不太可能做到全员持股,那依靠什么留住人才呢?据说,小米创立早期的职场氛围很好,公司除了做智能手机以外,在早期选人的时候,把期权激励制度作为一个很好的工具。具体做法是,把期权设定当作一个过滤器,来筛选那些真正愿意陪伴小米长远发展的候选人。

初创团队成员中有很多人是从谷歌、微软等互联网大公司过来的,可以说很多都是自降身价过来的。当时小米给员工提供了两种薪酬激励模式:**一种模式是工资高、期权少,另一种模式是工资低、期权多**。结果是早期创业团队成员大多数都选择了工资少、期权多的模式。期权激励制度实际上变成了小米早期筛选员工的一个过滤器,那些选择工资少、期权多模式的人,恰恰说明他们是有创业者和合伙人心态的,对公司的认同感及自我驱动力是很强的。这种类型的候选人才是小米希望招聘进来的,与公司共同打拼和发展的员工。

一、合伙人的定义

现在市面上充斥着众多关于合伙人制度和股权设计等方面的内容,其中对合伙人的定义,在笔者看来未必完全贴切。合伙人是指为了实现共同的愿景和目标，共同努力奋斗，共同享有股权的增值权和利润的分红权，并共同承担经营风险而结成的利益共同体。

二、合伙人的特点

合伙人具备四个特点：共识、共创、共担、共享，如图1-1所示。

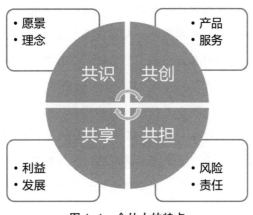

图1-1 合伙人的特点

共识是指合伙人对判断事物的是非对错拥有共同的认知，对所投入的事业抱着共同的愿景、理念和价值观。这是合伙人所有特点中最重要的一点，但依靠制度和规则来解决共识问题是有难度的，因为共识与个人的价值观和性格特征密切相关。

共创可以理解为合伙人齐心协力，共同开发公司的产品和服务。以"共识"作为合伙人之间建立理解和信任的基础，精诚团结，打造高附加价值的产品。

共担从字面上很容易理解，指的是合伙人共同承担经营过程中的风险和责任。合伙人必须拥有老板的心态，身先士卒，同舟共济。

共享是指共同分享公司经营中的成果，包括物质方面和精神层面。物质方面是指合伙人将获得公司股价上涨带来的增值权，和对利润的分红权;精神层面指的是分享公司未来发展的美好前景。

1.1.2 中国合伙人的真实案例

案例1-2 新东方"三驾马车"的合伙人之路

相信很多朋友都看过一部电影,名叫《中国合伙人》,它以新东方的真实创业经历为剧情拍摄而成,电影中三位主人公的原型人物就是新东方的三位联合创始人。据说,当年电影上映后还引发了不小的热议。毫不夸张地讲,现实版的新东方创业故事比电影剧情更加精彩。

20世纪90年代,北大原青年教师、新东方创始人俞敏洪,与另外两位联合创始人王强和徐小平共同创立了新东方,主要提供英语培训和出国留学中介咨询服务。当时,三个人分工明确,各司其职,干劲满满,持股比例分别为55%、10%、10%。剩余的25%的股份是留给后续合伙人的股权池,由俞敏洪代持,如图1-2所示。

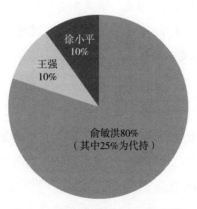

图1-2 新东方合伙人的持股比例

从新东方当初的股权设计中我们不难发现,其合伙人制度和股权设计可圈可点,这也为创始团队能够顺利开展工作,实现更大的发展打下了坚实的基础。其优点主要有以下几个。

（1）**联合创始人之间的股权设计合理，保证了大股东对公司的控制权。**

三位联合创始人按照出资金额和对公司的历史贡献来划分股权比例。在另外两位合伙人加入之前，新东方在俞敏洪的带领下经过几年的发展，业务已经步入正轨，年收入达1000万元。正是因为看到了王强和徐小平的能力，俞敏洪给他们两位每人10%的干股，不需要他们出资，拉他们一起创业。所以，俞敏洪取得公司的相对控制权（持股55%）也是情理之中的事情。

（2）**预留25%股权给后续合伙人，为企业今后更大的发展做好了储备。**

俞敏洪曾多次公开承认，当初预留股权这一决定，对于新东方后来的发展至关重要。因为新东方在发展了几年之后，遇到了瓶颈期，当时的管理团队已经到达了能力的天花板，不能再带领公司取得更大的发展。这时，新东方决策层决定通过运用股权期权激励制度，从外部招聘优秀人才。这样看来，股权的"威力"真是不小！随着优秀人才的不断加入，公司也被注入了新的活力。后来，新东方发展得越来越好，并于2006年9月在美国纽约证券交易所上市。

1.1.3　国际合伙模式的出现

近几年，我们常能听到"内卷"一词，它指的是在很多产业或领域中，由于产能和服务供给等供大于求，同质化竞争日益严重，最终造成了大家都无利可赚的局面。

2022年初，国内知名商业顾问刘润提出了一个与"内卷"相反的概念——"外卷"，并呼吁中国企业推广"外卷模式"。那么，外卷具体指的是什么呢？外卷其实是指中国经济发展到具备完整的工业体系及人均

GDP 达 1 万美元以后，中国企业就具备了开拓国际市场的条件和实力，应该"走出去"，与全球企业竞争。

笔者认为，外卷包含了与全球企业合作与竞争两个层面。在具备共同或相似价值观的前提下，双方合作时可以秉持合伙精神，共同打造国际合伙模式，最终实现共荣共赢。下文介绍的安徽中鼎集团收购日本普利司通减震橡胶业务就是一个代表案例。

案例 1-3　安徽中鼎集团 1 日元收购普利司通减震橡胶业务

2021 年 12 月 10 日，国内 A 股市场上市公司安徽中鼎密封件股份有限公司控股股东中鼎集团，与日本著名轮胎制造商普利司通共同签署了《股权转让协议》。安徽中鼎拟以自有资金 1 日元收购对方旗下减震橡胶业务公司 100% 的股权。收购完成后，中鼎集团 NVH 全球业务将进入日系市场，市场占有率有望进一步提升。

从本案例中我们可以看到，虽然在收购案完成后，普利司通并未与安徽中鼎建立资本关系，还退出了减震橡胶业务，但其几十年来在该领域服务的日本客户群（主要是日系整车厂商）顺利移交给了收购方安徽中鼎，并且双方不排除今后为新能源汽车共同开发轮胎等相关产品的可能性。可以说，双方构成了一种国际合伙模式，即不同国籍的企业在各自所在的地区发挥各自的优势，协同合作，为共同的用户提供安定、持续的价值，达成共赢。

随着全球经济一体化的加深和中国经济实力的不断加强，会有越来越多的中国企业走出国门，以全球市场为舞台，成为国际化的企业。

中国企业的"外卷"时代，正在一步一步地变为现实。

1.2 合伙人制度的落地方法

对于一家企业来说,如果没有合伙人制度,就不可能走得长远;而有了合伙人制度,企业也并非就能变得"无所不能"!

1.2.1 合伙人制度概述

案例 1-4　初创公司 A 巧用合伙人制度,倍受资本市场青睐

甲、乙、丙三人是曾在海外学习食品工程和 IT 的"90 后",2018 年 8 月学成后先后回国创业。他们发现国内功能性饮料市场发展前景很好,于是合伙创立了 A 公司,研发自主品牌的功能性饮料,注册资金为 1000 万元,甲为公司大股东。甲、乙、丙认缴金额分别为 700 万元、150 万元、150 万元,持股比例分别为 70%、15%、15%。

2019 年 1 月,三位创始股东商议决定,为了今后能够吸引更多的优秀人才加入,成立员工持股平台,其股份比例为 15%,由甲、乙、丙每人各出让 5% 的股份构成,并由甲代持。

A 公司发展顺利,成立 1 年后成功研发了第一款功能性饮料,并受到了资本市场的关注。风险投资机构 X 公司与 A 公司经商议,达成了天使投资意向。X 公司向 A 公司出资 500 万元,取得了 A 公司 10% 的股权。A 公司的股权架构如图 1-3 所示。

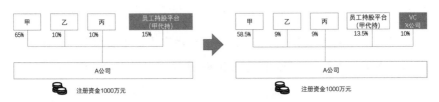

图 1-3　A 公司的股权架构

获得了融资的 A 公司为了发展壮大，决定扩大研发队伍。创始团队对拟招聘的研发总监一职，将授予 6% 的股权期权，来自上述员工持股平台。期权激励的具体条件是，研发总监在 A 公司工作满四年，且达成业绩考核指标后，该股权期权成熟，每年解锁 1.5% 的股份。

1 个月之后，符合条件的研发总监丁被正式录用并上岗。半年之后，丁带领研发团队为公司开发出了新产品——第二款功能性饮料，并收到了良好的市场反馈。

为了激励员工实现量产目标，创始团队决定引进增量奖励机制。具体做法是，当公司实现年度利润目标 300 万元时，超过目标部分的 20% 将作为奖金分配给员工。员工将按公司制定的薪酬绩效考核标准，获得不同的分配系数，每人实际获得的奖金金额也不同。

2020 年 5 月，A 公司获得投资机构 W 公司的 B 轮融资 1500 万元，让渡 10% 股权，投后估值 1.5 亿元。自此以后，A 公司进入了快速发展阶段。

上述案例中出现了三种形式的合伙人制度，分别是股东合伙、事业合伙和虚拟合伙。

股东合伙是指联合创始人出资持股，成为公司注册股东。

事业合伙是指研发总监通过股票期权激励制度，成为公司持股平台（即有限合伙企业）股东（非注册股东）。

虚拟合伙是指员工可获得超额利润部分 20% 的分红权，但没有获得股权。

关于合伙模式的各种形式及特点，将在第 2 章中详细介绍。

一、合伙人制度的定义

合伙人制度是指合伙人之间动态的游戏规则，包括虚拟合伙、事业合伙、股东合伙、生态链合伙及平台合伙五大类。

一切制度都不是一成不变的，包括合伙人制度在内。合伙人制度会随着外部经营环境的变化以及公司所处发展阶段的变化而变化。例如，华为对虚拟合伙中表现优异的前30%的员工，将升级为事业合伙模式，让其出资持有公司的股票期权。所以，企业经营者不能墨守成规，而是需要保持灵活性，把合伙人制度设计得公平、合理且可落地。

二、合伙人制度与股权设计

股权设计是指在推广合伙人制度时，选择虚股或实股的类型，以及设计股东所占股份的比例。

股权设计的核心可以归纳为六个字：分享、公平、控制，分别对应股权设计中的道、法、术。首先是分享，这是股权设计的"道"，是最重要的一点。股权的核心价值在于参与感，最大的竞争是制度的竞争。如果作为创始人而不分享股权，那就跟单打独斗的个体工商户没有区别了，不会得到周围各种资源和支持；只有获得股权的人才会和你是一样的心态，是公司的创业者，他们会觉得是为自己干，有归属感。其次是公平，这是股权设计的"法"，股权＝价值贡献，其实就是公平制度的延伸。最后是控制，这是股权设计中的"术"，是指掌控公司控制权的股权设计方法。

合伙人制度和股权设计是两个不同的概念。在实务中，我们经常遇到中小企业经营者把两者混淆的情况，笔者用图1-4所示的矩阵模型做具体说明。

从图1-4中可以看出，采用事业合伙人模式时，虚股和实股两种形式都有可能存在；而采用股东合伙人模式时多采用实股形式；生态链合伙人模式则与股东合伙人模式相反，多采用虚股形式。

图 1-4　合伙人制度与股权设计的组合

1.2.2　经营战略与合伙人制度

经营战略与合伙人制度是一种怎样的关系呢？两者之中哪个更重要呢？

首先让我们来看看大家熟悉的华为案例。华为推广的是"全员持股"计划，半数以上员工都通过虚拟合伙形式，获得了超额利润的一部分作为分红。员工成了公司的合伙人，共享企业发展带来的机会和利益的同时，也共担企业的风险和责任。然而，这种合伙人制度是建立在华为不断升级迭代的商业模式带来的红利上的。从最初的2G到3G的突破，再到5G通信基站成为全球领先和高性价比的解决方案，先进的商业模式给华为带来了丰厚的收益，也为合伙人制度的执行和落实提供了坚实的物质基础。否则，再好的合伙人制度也将是"无米之炊"。

一般来说，一家公司的组织结构分为三个层级：第一个层级即顶层部分，是公司的使命和愿景，是指开展某项事业的目的和初心，以及创始人希望实现的目标；第二个层级是经营战略，也是公司的事业方向及实现它的基本路径；第三个层级是战术，包括各种制度、工具和手段。

从图1-5中不难看出，经营战略与合伙人制度之间是主从关系，即后者从属于或服务于前者。具体讲就是，前者制定事业方向；后者设定具体的经营目标，以及提供为了实现前者所必需的各种工具和手段，其中就包括合伙人制度。

图 1-5 组织结构三个层级

1.2.3 合伙人制度落地的六维模型

实务中有很多设计得非常巧妙、精致的合伙人制度,在实施过程中却无法落地。笔者认为,出现这样的情况的背后有多种原因,主要有以下两点。

第一点,过于追求合伙人制度中的工具和手段,即"术"层面的技巧。

很多企业家在引进合伙人制度时,只想找些工具来用,希望走"短、平、快"的速成路线,最好是拿来就用,一用就出结果。

第二点,没有把合伙人制度看作一个有机的整体,而是只关注个别模块。

很多企业家忽略了合伙人制度落地是一个长期的、系统化的过程,是多个模块共同作用的结果。

鉴于此,笔者独创性地设计出了合伙人制度落地的六维模型,如图 1-6 所示。这个模型包括顶层设计、模式设计、股权设计、资本策划、财税法律、合伙力六个模块。除了顶层设计,其他五项将在之后的章节中详细说明。

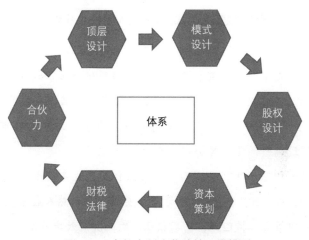

图 1-6 合伙人制度落地的六维模型

合伙人制度是一个跨界的概念，横跨多个领域，包括财税、法务、HR、投行等，涉及的问题多样且繁杂，因此在企业中落地并非一件易事。

当掌握了合伙人制度落地六维模型中的各个模块的基本逻辑和运营方法之后，合伙人制度的落地将不再是一件难事。

1.3 合伙人制度的顶层设计

1.3.1 顶层设计助力公司跨越式发展

合伙人制度的顶层设计主要包括公司的商业模式设计、资本全周期设计和公司治理结构的设计。商业模式代表着一家企业的盈利模式；资本全周期设计包括公司的融资轮次和每次释放股权的比例及 IPO 上市的融资计划；公司治理结构则包括公司的形式（股份制公司、有限责任公司、有限合伙企业、个人独资企业等）、公司"三会"（董事会、股东会、监事会）的运营管理方式及公司控制权的掌控等事项。

案例 1-5　X 公司通过顶层设计实现销售收入增长 1.6 倍

上海 X 公司成立于 2015 年，注册资金 1000 万元，是一家从事宠物食品和宠物智能设备研发、生产及销售的新兴企业。随着近年来国内"宠物热"的出现，X 公司业务快速增长，2018 年销售额达到了 1.3 亿元。2019 年 7 月，X 公司创始团队向笔者咨询，希望未来在 A 股市场上市。笔者团队经过调研，发现 X 公司存在以下问题。

（1）创始团队由甲、乙、丙、丁四位自然人股东构成，持股比例分别为 45%、25%、20%、10%。由于董事会由多位自然人股东组成，在公司一些重要决策上各持己见，互不相让，因此决策效率较低。

（2）X 公司发展遇到瓶颈，增长放缓。原因之一是市场上竞争对手不断出现，以"低价竞争"策略抢走了 X 公司不少的市场份额。

（3）X 公司业务模式单一，客单价较低，导致盈利水平不断下降。

（4）公司宣传推广手段滞后，市场认知度低。当前 X 公司主要采用官网及公众号等文字形式传播推广品牌，而没有拥抱年轻一代广为接受的视频宣传方式。

（5）有投资机构愿意投资 X 公司，希望取得 10% 的股份。但 X 公司的甲（持股 45%）不知道如何估值，也不知道投资机构要求的占股比例是否合理。

笔者与 X 公司创始团队深入交流了顶层设计的思路，指出了公司当下的商业模式已经遇到上升的天花板，需要与时俱进，对商业模式进行再设计，实现从"低价同质化"竞争到"提供服务"和"科技赋能"的模式转换。同时，为了实现提升公司运营的效率及今后 IPO 上市的目标，有必要对股东结构和合伙人制度进行梳理。同时，笔者对 X 公司所处赛道及事业内容的未来可能性给予了高度肯定，帮助他们树立了信心。下面简单介绍笔者给 X 公司提供的解决方案（节选）。

一、重新打造商业模式

（1）在保留公司宠物食品及宠物智能设备这两大主要业务板块的基础上，新设 Saas 平台部门，开展 B2B 业务。具体做法是，自主开发面向宠物用品零售店铺的 Saas 服务平台系统，为全国的宠物店提供从客户入店到复购的"一站式"运营管理工具，实现对客户宠物的全生命周期管理。以积累的大量宠物数据为基础，实现"大数据+AI"支持下的宠物用品开发新模式，整合供应链资源，最终打造全宠物服务商的生态圈。

（2）新设新媒体业务部门，加强 B2C 业务。具体做法是，成立短视频和直播运营团队，招聘有此方面专业经验的年轻人，实现从相关内容的制作、播出到运营的完整闭环，从而开发更多新的 C 端用户。

X 公司的组织架构如图 1-7 所示。

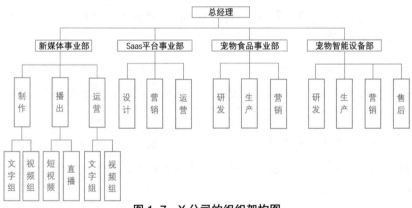

图 1-7　X 公司的组织架构图

二、梳理股东结构

（1）新设合伙企业作为员工持股平台。

①持股平台占股 20%，来自所有股东股权的同比例稀释。

②增设员工持股平台后，第一大股东甲的持股比例为 36%（45%×80%），他对公司的控制权可以通过新设控股公司的方式来保障。

（2）新设控股 Y 公司。

①设立目的：提高决策效率及财税筹划。

②注册资金：10 万元。控股公司需要完成对 X 公司的增资并成为其股东。X 公司股东就此议案做出以下决定。

第一，X 公司 2018 年第 4 季度账面净资产为 910.6 万元，注册资金为 1000 万元，故采取自然人股东转让方式来运作（按此法操作将不涉及税务问题）。

第二，第一大股东甲 36% 的股权全转给控股公司 Y，股东乙 20% 的股权转 15%、股东丙 16% 的股权转 13%、股东丁 8% 的股权转 6%，转让结果为控股公司 Y 持有 X 公司 70% 的股权。

（3）减少自然人股东。把股东丙、丁在 X 公司持股的 3% 及 2% 平移至合伙企业中，故合伙企业的股份由 20% 上升至 25%（20%+5%）。此时 X 公司的股东结构为控股公司持股 70%、自然人乙持股 5%、合伙企业持股 25%。

（4）A 轮融资。2019 年底，X 公司启动 A 轮融资，融资 1000 万元，让渡 10% 的股份，公司估值 1 亿元。此时控股公司 Y 的持股比例下降至 63%。

（5）控股公司 Y 的股权结构：甲、乙、丙、丁持股比例分别为 51%、21%、19%、9%。甲为控股公司 Y 的第一大股东及法定代表人，且不在 X 公司持有股份。

（6）财税筹划：经过 A 轮融资让渡 10% 的股份之后，X 公司的股权架构如图 1-8 所示。

①假如 X 公司税后利润为 500 万元，X 公司股东会决定将 80% 的利润分配给股东，股东按所持有股份比例获得分红，剩余的 20% 留存在公司，为今后发展之用。按照此安排，控股公司 Y 可以分得红利 252 万（500 万×80%×63%）元。

请大家思考一下，此时控股公司 Y 需要缴纳企业所得税吗？

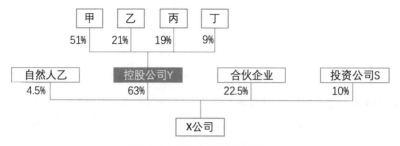

图 1-8　X 公司的股权架构

结论是不需要缴纳。

《中华人民共和国企业所得税法》（以下简称《企业所得税法》）第二十六条第（二）款规定，符合条件的居民企业之间的股息、红利等权益性投资收益，被视作免税收入。因此控股公司 Y 的 252 万元投资收益，免缴纳企业所得税。

通过此操作我们不难发现，运用控股公司的形式可以实现纳税筹划效应，还可以减少自然人股东，提高公司的决策效率，有利于人事安排，便于融资。

②在控股公司 Y 中，由于第一大股东甲的持股比例超过了半数，因此他有权决定是否分配这 252 万元红利。因为分红属于利润分配方案，不需要召开董事会，只需要普通决议，由出席股东会的股东所持表决权的过半数通过即可成立。

进一步讲，如果将这 252 万元分配给自然人股东甲、乙、丙、丁，就需要各自然人股东按照所持股权比例缴纳个人所得税。

三、实施进展

（1）很好地解决了公司控制权的问题。通过设计控股公司 Y，实现了第一大股东甲对运营主体 X 公司的控制权。

（2）把创始股东平移至了新设的控股公司 Y 和合伙企业中，解决了 X 公司决策效率低及股权代持问题。

（3）制订了股权期权激励方案，设定了与公司及个人业绩挂钩的考核标准。股权解锁期设定为 4 年，每年达成业绩目标后解锁 25%。该制度可以激励员工把自己的利益与公司的长期发展捆绑在一起。

（4）开拓了 Saas 平台和新媒体的新业务，拓展了 B2B 和 B2C 的获客渠道，为公司的进一步发展贡献了新的增长点。

（5）2019 年 X 公司的销售收入达 2.08 亿元，较 2018 年增长了 60%。

1.3.2　合伙人制度并非万能

前文中介绍过，经营战略是公司的"主"，合伙人制度是"从"，后者服从于前者。

合伙人制度是公司运营模式中的一种工具和手段，但并不是无所不能的"万能工具"。

案例 1-6　一个合伙人制度带来的惨痛教训

W 公司是一家高科技领域的初创企业，大股东是主要创始人张总，给了一个技术合伙人 25% 的股权，但在股东协议中没有约定退出时收购股权的条件和价格。后来，由于与大股东在公司的战略和产品等多个层面产生了严重分歧，这位技术合伙人只干了一年就离职了。当时技术合伙人负责的新产品开发项目正处于关键阶段，他的离职导致项目停滞。同时，他要求大股东按当前公司估值回购他持有的公司 25% 的股权。由于当时账面上资金紧张，因此公司一下子陷入了绝境。最后张总只能东拼西凑，花了很多钱回购股权。幸好公司有很好的团队和深受市场欢迎的产品，经过了几年低迷期，最终走出了困境，获得了成功。这是一个关于合伙人制度的深刻教训。

关于 W 公司的合伙人制度，笔者事后给其大股东以下两点建议。

第一点，对后续合伙人适宜使用"股权成熟"模式。

股权成熟模式也可以称作"递延股权"模式，是为了保护公司的利益而做的股权设计。一般来说，股权成熟周期可以设定为 4 年，每年达成业绩目标后解锁 1/4 的股权。当一个合伙人在创业公司工作 4 年，且业绩都达标了，他就可以拿走公司授予他的全部成熟的股份。

同时，公司可以花重金聘用一个职业经理人或者比离职合伙人能力还强的人。这样做，对于创始人和公司的大股东来说，是对合伙人中途离职很好的解决方式。

第二点，关于合伙人退出的条件和股权回购价格，需要在章程和股东协议中做出明确约定。

在合伙人于股权未成熟或成熟时离职并要求回购股权的情况下，公司将按照什么价格回购股权等相关约定，都需要事先写入章程和股东协议，避免出现本案例中的不利局面。关于此方面的内容，将在第 2 章中详细说明。

合伙人制度并非万能。诚信与法律缺一不可，这是一个普遍性原则，适用于任何阶段和形态的公司。其实，一个人如果没有诚信，那么他会想尽各种办法去拖住公司，像上述案例中那样，要求公司高价回购股权。但反过来，仅有诚信，没有法律也是不行的。诚信与法律就像商业社会这部大飞机的两翼，缺少任何一个都会使行进的飞机失去平衡，酿成惨剧。

思考

一些企业家说,只要设计出一套好的合伙人制度,就能让合伙人和股东拼命工作,公司业绩也能大幅提升。你同意这种观点吗?如果不同意,请说明理由。另外,请说明公司的经营战略与合伙人制度之间的关系。

参考答案

这种观点不正确。合伙人制度只是一种手段和工具,其目的是激励创始团队成员和优秀员工与公司利益捆绑在一起,为公司的长期发展做出贡献。但是,如果合伙人之间没有共同的价值观和经营理念作为基础,那么合伙人制度设计得再好也很难发挥真正的作用。

合伙人制度服从于公司的经营战略。试想一下,如果公司的战略方向都制定错了,那么合伙人制度设计得再好,公司也很难有更好的发展。

第 2 章 合伙的主要模式

作为一名在一线实际运营企业的经营者,笔者在与企业家们的交流活动中,经常被问及有关合伙人方面的问题。例如,新公司股东的持股比例如何设定比较合理?如何用公司章程约定股东的责任和权利?公司发展到什么阶段引进合伙人制度比较合适?有的企业家担心,如果运用合伙人制度,一开始就给员工实股股权,那么员工可能会躺在功劳簿上,不思进取。为了避免这种情况,有没有一种动态股权设计方案,让员工一直保持斗志,与公司一起成长?答案是肯定的。

笔者认为,合伙的模式主要有五种:**虚拟合伙、事业合伙、股东合伙、生态链合伙和平台合伙**,如图 2-1 所示。

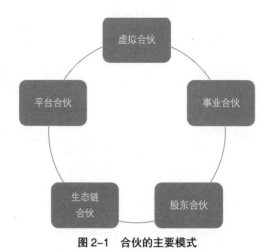

图 2-1　合伙的主要模式

2.1　虚拟合伙

虚拟合伙是指通过采取存量分红或增量分红的方式对员工进行激励的合伙方式，公司并不给予员工实股（工商注册股）。其实质是一种中短期激励制度，属于薪酬绩效体系的一种形式。

2.1.1　存量虚拟合伙：华为的 TUP

案例 2-1　华为的 TUP：虚拟递延分红计划

华为技术有限公司成立于 1987 年，是全球领先的 ICT（信息与通信）基础设施和智能终端提供商，也是中国企业中的优秀代表。在最近几年受到美国无端制裁，所处经营环境恶化的情况下，2020 年华为实现销售收入 8914 亿元，同比增长了 3.8%，净利润达 646 亿元，同比增长了 3.2%。面临重重困难，华为依然能够达成这样的业绩，实属不易！

大家可能要问，是什么支撑华为一路成为卓越的企业的呢？

一、华为管理模式的核心管理体系

支撑华为不断取得成功，从一个胜利走向另一个胜利的基石是华为的管理模式。其核心管理体系包括战略规划、战略解码与战略执行，狼性营销管理体系，IPD产品研发体系，以客户为中心的敏捷组织，以奋斗者为本的绩效与激励体系，成本管理与成本控制体系，任职资格与人才培养体系，以奋斗者为本的企业文化打造，如图2-2所示。

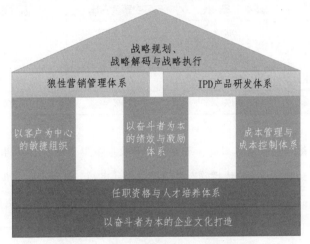

图2-2　华为管理模式的核心管理体系

二、华为激励体系设计的四个原则

从图2-2中不难看出，以奋斗者为本的绩效与激励体系是支撑华为管理模式的"三大支柱"之一。而下面的四个原则，则是构成华为激励体系的基石。

第一个原则：以奋斗者为本，而不是以人为本。

第二个原则：获取分享制，而不是授予制。

第三个原则：力出一孔，利出一孔。

第四个原则：不同的发展阶段制定不同的薪酬水平策略。

三、华为"以奋斗者为本"的价值分配方程式

华为独创的"以奋斗者为本"的价值分配方程式＝科学的职级工资划分＋灵活可变强调贡献的奖金分配＋分阶段高收益性的长期激励，如表2-1所示。

表2-1　华为的薪酬结构

岗位	基本工资占比	可变薪金占比	长期激励占比
高层管理	40%	20%	40%
中层管理	50%	30%	20%
专业技术	60%	25%	15%
操作人员	90%	10%	0%

薪酬结构：含基本工资、可变薪金和长期激励。中高层强调与企业利益捆绑的长期激励；一线操作人员强调工资稳定性，故加大基本工资占比。

特点：可变薪金与长期激励均按照企业年度利润的一定比例划分，与传统企业"事先规定，事后扣除"的绩效工资不同，华为通过一切以贡献为价值衡量标准的薪酬体系，最大程度地激励了企业中的"奋斗者"。

基本工资：按照学历、工龄等确定。

可变薪金：强调按贡献参与分配，获取分享。

华为通过工资性薪酬包与业务经营和发展结果挂钩的机制，将奖金包的管理从"自上而下，人为分配"转变为了"自下而上，获取分享"。

奖金包分为产品部门、研发部门、平台部门、职能部门四条线，由集团按照5∶2∶2∶1的比例分配，各部门再根据员工岗位的实际贡献折分。例如，销售部门多按照业绩分配奖金；研发部门则按照项目总体考

核初配，最后根据内部人员贡献度进行奖金划分。

长期激励： 强调劳动所得优于资本所得。例如，TUP+虚拟配股。

四、TUP：虚拟递延分红计划

2013年，作为长期激励体系的一部分，华为推出了时间单位计划（Time Unit Plan，TUP），也就是奖励期权计划。其实质是一种虚拟递延分红计划，即现金奖励的递延分配计划。简单地说就是每年根据员工的岗位、级别和绩效，给员工分配一定数量的期权，期权不需要员工花钱购买，5年为一个周期清零。

华为实施的5年TUP，采取的是"递延+递增"的分配方案。例如，2015年华为授予某员工9万股TUP，假设授予价格为4.5元/股，该员工不需要出资购买。授予当年为等待期，不享受公司的分红。2016—2019年为分期解锁期，即分别享受1/3、2/3、3/3的分红（其中，2018年和2019年享受同等比例的分红），这部分就是期权"递延"的内容。而期权收益"递增"是指5年期满期权清零时，期权升值带来的收益，如表2-2所示。

表2-2 华为TUP计划表

年度	内容		
	参与分红的股数	授予价格	回购价格
2015年	等待期	4.5元/股	—
2016年	90000×1/3=30000		—
2017年	90000×2/3=60000	—	
2018年	90000×3/3=90000		
2019年	90000×3/3=90000		8.5元/股

在上述案例中，5年期满，公司将对2015年授予该员工的期权进行回购。假如2019年公司的股票价格为8.5元/股，且2019年分红为

30 万元，则 2019 年，该员工获得的回报 = 300000+90000×（8.5-4.5）= 660000（元）。完成回购后，公司对这 9 万股期权进行清零。

从上述案例的分析中不难看出，TUP 采取的是存量虚拟股权模式。存量指的是以全体利润作为分配的存量，而虚拟股权相较于实股（工商注册股）而言，是一种有时间期限的期权。

五、TUP 的优点和缺点

TUP 作为一种中长期激励机制，在华为的发展过程中，其积极作用远远大于缺点。

1. TUP 的优点

第一，把个人利益与组织的绩效紧密挂钩。

员工所能享受的"递延"与"递增"部分，均与自己所在的组织（所属部门）的绩效紧密捆绑在一起。换句话说，就是只有组织中的每个人都竭尽全力，做出贡献以后，个人才能共享收益。这种体制对新员工尤其重要，可以助其尽快建立"主人公"意识。

第二，只要努力做出贡献，每位员工都有机会获得收益。

TUP 没有建立在历史的基础上，也不看员工的历史贡献，这对于工作不久的新员工尤其具有吸引力，有助于其发挥积极主动性，并享受自己的工作成果，从而形成对公司的忠诚感，因而愿意长期扎根于企业。对公司而言，可以稳定就职率。

第三，培养、筛选优秀人才。

通过 TUP，公司可以筛选出前 30% 的优秀员工，配以公司的虚拟受限股，将他们作为公司的干部储备人才持续培养。

2. TUP 的缺点

TUP 虽然有诸多优点，但也存在一些弊端。它最大的问题是，5 年为一个周期，与企业长期发展的捆绑力度不足，并不适用于少数核心层员工，特别是对已具备长期使命感，与公司誓为"利益共同体"的高层人员。因此，TUP 不可能成为华为唯一的长期激励模式，它与现行虚拟受限股可以相互配合，巧妙地解决短期与长期、多数与少数的问题。

2.1.2　永辉超市的增量虚拟合伙模式

与华为的存量虚拟股权模式不同，永辉超市采用的是增量虚拟股权模式。增量虚拟股权，顾名思义，就是以利润超额部分作为分红的原资，用虚拟期权方式激励员工。这种模式在永辉超市的经营中发挥了重要的作用。永辉超市董事长曾说过："永辉的崛起，在于我们运用的合伙人模式。"

案例 2-2　运用虚拟合伙模式，永辉超市打造了"新零售帝国"

一、永辉超市引进合伙人模式的背景

永辉超市董事长在经营多年之后发现，国内整个超市行业存在一个普遍问题，那就是一线员工干着最脏、最累的工作，却拿着最低微的薪水，整个行业员工的流动性更是高得惊人。他在一次进店调研中发现，一名一线员工每个月只有 2000 多元的收入，刚刚解决了温饱问题，根本没有干劲儿做好服务工作。每天上班就是为了挣那一份工资，抱着"当一天和尚撞一天钟"的心态。消费者几乎很难从他们的脸上看到笑容，这对于电商冲击下的实体零售业来说，更是一个巨大的问题。

超市员工产生倦怠的根本原因在于，员工认为自己干多干少、干好干坏，与自己的工资待遇没有关系。同时，超市盈利与否，也与自己无关。正因如此，我们才会在超市现场看到员工把果蔬随便"往这边一

丢""往那边一砸"的情景。然而，受过撞击的果蔬通常几个小时以后就会变黑，这样的品相根本无法吸引消费者走进超市购买，进而会对整个超市的营收产生不利的影响。

那么，直接提高一线员工的收入是否就能解决上述问题呢？答案是否定的。原因如下。

（1）单纯增加员工薪资，将增加企业成本负担，影响超市盈利。

（2）薪资增加多少合适，没有一个切实有效的标准。例如，每个月增加薪资100元，员工会觉得增加得太少，导致激励性弱，效果有限；如果加得多，老板又不愿意。

二、适用范围

在上述背景下，2015年，永辉超市开始在全店推行合伙人制度，适用范围是永辉超市全体门店的全日制员工，如表2-3所示。

表2-3　合伙人制度的适用范围

参与人员	1. 店长、店助
	2. 四大营运部门人员
	3. 后勤部门人员
	4. 固定小时工（工作时间≥192小时/月）
不参与人员	1. 微店课、咏悦汇、新肌荟、茅台等课组人员
	2. 培训生、实习生、寒暑假工、学习干部
	3. 小时工（工作时间<192小时/月）

三、分红的前提条件

门店销售达成率≥100%，利润总额达成率≥100%，如表2-4所示。

表2-4　分红的前提条件

类别	分红条件
店长、店助、后勤人员	门店销售达成率≥100%，利润总额达成率≥100%

续表

类别	分红条件
运营部门经理、经理助理、部门公共人员	部门销售达成率≥95%，部门毛利达成率≥95%
营运部门各课组人员	课组销售达成率≥95%，课组毛利达成率≥95%

四、合伙人奖金包

门店奖金包＝门店利润总额超额×30%

门店利润总额超额＝实际值－目标值

门店奖金包上限：门店奖金包≥30万元时，奖金包按30万元发放。具体说明如表2-5所示。

表2-5 合伙人奖金包

职级	各职级奖金包分配
店长、店助	门店奖金包×8%
经理级	门店奖金包×9%
课长级	门店奖金包×13%
员工级	门店奖金包×70%

五、合伙人奖金计算方法

合伙人奖金计算方法如表2-6所示。

表2-6 合伙人奖金计算方法

职级	个人奖金计算方法
店长、店助	店长级奖金包×出勤系数
经理级	经理级奖金包÷经理级总份数×对应分配系数×出勤系数
课长级	课长级奖金包÷课长级总份数×对应分配系数×出勤系数
员工级	员工级奖金包÷员工级总份数×对应分配系数×出勤系数

注：有二助的门店，店长级奖金包分配比例按店长70%、店助30%。

六、结算说明

分配系数：按部门毛利达成率的排名情况，确定各部门对应的分配系数，如表2-7所示。

表2-7 结算说明

部门毛利达成率排名	分配系数
第1名	1.5
第2名	1.3
第3名	1.2
第4名	1.1
后勤部门	1.0

例如，某店生鲜部毛利达成率在该店四大营运部门中排名第1，生鲜部对应分配系数为1.5，即生鲜部的经理、经理助理、课长、员工的分配系数均为1.5。

1. 总份数

总份数 =∑ 各部门同职级人员人数 × 部门毛利额达成率 × 排名对应分配系数

注：（1）经理级份数含经理助理，课长级份数含副课长。

（2）以上统计的总份数不包含双指标未达成的部门或课组各职级人数。

2. 出勤系数

出勤系数 =（当季应出勤天数 – 事假/病假/产假/工伤假天数）÷ 当季应出勤天数

3. 奖金发放

按季度结算，奖金与次月工资一起发放。

七、案例说明

例如，超市 A 店铺第一季度，全店销售达成率为 100.1%，利润总额达成率为 106%，超额利润总额为 33 万元，门店合伙人奖金包为 10 万元。各部门人数、任务达成情况如表 2-8 所示。

表 2-8　A 店合伙人结算表

部门	店长级人数	经理级人数	课长级人数	员工级人数	销售达成率	利润总额达成率	毛利达成率	毛利达成率排名	对应分配系数	超额利润总额（元）	门店合伙人奖金包（元）
全店	1	10	24	136	100.1%	106%	—	—	—	33万	10万
生鲜	—	2	7	60	100.6%	—	107%	第1名	1.5	—	—
食品用品	—	2	7	15	101.0%	—	103%	第2名	1.3	—	—
服装	—	1	6	12	93.4%	—	90%	第3名	1.2	—	—
加工	—	1	—	1	91.5%	—	87%	第4名	1.1	—	—
后勤	—	4	4	48	—	—	—	—	1	—	—

（1）各职级奖金包如表 2-9 所示。

表 2-9　A 店各职级奖金包

职级	门店奖金包（元）	分配比例	奖金包（元）
店长	10万	8%	8000
经理级	10万	9%	9000
课长级	10万	13%	13000
员工级	10万	70%	70000

（2）参与分红的部门、课组总份数核算情况（达成课组：生鲜部 5 个，食品用品部 4 个）如表 2-10 所示。

表 2-10 A 店总份数核算情况

部门	店长店级	经理级			课长级			员工级		
		人数	对应系数	总份数	人数	对应系数	总份数	人数	对应系数	总份数
店长办	1	—	—	—	—	—	—	—	—	—
生鲜部	—	2	1.5	3	5	1.5	7.5	43	1.5	64.5
食品用品部	—	2	1.3	2.6	4	1.3	5.2	11	1.3	14.3
后勤部门	—	3	1	3	4	1	4	48	1	48
合计	1	7	—	8.6	11	—	16.7	102	—	126.8

（3）各职级人均奖金如表 2-11 所示。

表 2-11 A 店各职级人均奖金

部门	店长	经理级	课长级	员工级
店长办公室	8000元	—	—	—
生鲜部	—	9000÷8.6份× 1.5≈1570元	13000÷16.7份× 1.5≈1168元	70000÷126.8份× 1.5≈828元
食品用品部	—	9000÷8.6份× 1.3≈1360元	13000÷16.7份× 1.3≈1012元	70000÷126.8份× 1.3≈718元
后勤部门	—	9000÷8.6份× 1≈1047元	13000÷16.7份× 1≈778元	70000÷126.8份× 1≈552元

（4）奖金实发情况。

① 生鲜部经理，如果第一季度出满勤，则分红奖金为 1570 元。

② 生鲜部水果课，销售达成率为 101%、毛利达成率为 98%，如果该课第一季度出满勤，那么课长的分红奖金为 1168 元/人，员工的分红

奖金为 828 元 / 人，按月度折合为 276 元 / 人。如果该店生鲜部员工月薪为 3000 元 / 人，那么增量虚拟股权的分红奖金助其月薪提升了 9%。

在施行了上述合伙人模式以后，加上积极推进"全渠道用户运营＋数字化运营"模式，永辉超市的业务有了长足的发展。"2020 年行业基本情况及连锁百强调查"的统计结果显示，永辉超市 2020 年销售额达到了 1045 亿元，销售增长率达 12.2%。

由此可见，这种增量虚拟合伙模式，不仅帮助永辉超市增加了销售收入，提高了利润水平，也对员工起到了很好的激励作用。

2.1.3　中小企业的合伙人招募计划

华为和永辉超市都是大型企业，大家可能会感觉离自己比较遥远，希望了解中小企业的虚拟合伙模式是如何操作的。下面介绍一家中小型企业的实际案例，帮助大家了解其运作模式。

案例 2-3　某影视文化传媒公司的外部合伙人招募计划

影视文化传媒公司 A 于 2020 年成立，主要从事影视作品的制作和发行推广业务。A 公司在 2021 年联合其他影视公司制作了电影《××是外星人》，并拟以此电影项目作为投资标的，对外招募合伙人投资该影片，合伙人将按照协议约定获得影片公开发行后带来的票房收益。

一、投资影视作品并获得票房收益的项目

电影《××是外星人》收益权转让协议（节选）

第一条　影片基本情况

1.1　影片名称：《××是外星人》（暂定名）。

1.2　导演：任××。

1.3 影片长度：不少于90分钟（暂定，以最终获放映许可证之影片长度为准）。

1.4 上映时间：2022年第一季度。

第二条 电影成本

2.1 甲乙双方确认电影的总估值为人民币18000万元整（大写：壹亿捌仟万圆整），包括但不限于以下费用。

2.1.1 版权购买费用：包括因购买电影产生的差旅费、电影版权费、指标运作费等。

2.1.2 电影拍摄制作费：包括拍摄费和后期制作费。

2.1.3 电影筹备推广费：包括新闻发布会、媒体、公关活动、试映等相关活动费，宣传品设计与制作费，片花剪辑制作费，影院预告片的制作费，相关单位或部门的公关费，市场监察费及其他相关费用。

第三条 投资收益权转让

3.1 甲方向乙方转让的投资收益权为总估值收益权的＿＿＿＿％，乙方同意受让该投资收益权（"乙方受让的投资收益权比例"）：

（省略具体约定内容）

3.2 乙方出资人民币＿＿＿＿万元整，大写＿＿＿＿＿＿＿＿＿＿圆整（"转让费用"），即相当于＿＿＿＿％的资金，作为乙方对于本片的投资。

3.3 乙方按时、足额地履行出资义务，否则视为自动放弃参与联合摄制本片的所有权利，并赔偿甲方因此而遭受的一切损失。当乙方按本协议约定方式支付上述约定的投资额后，乙方已完成对本片的所有投资义务。

3.4 受让人确认，转让方有权按电影原有进度及后续实际情况安排电影的相关事宜。

第四条 电影收益及收益分配

4.1 协议各方一致确认，如本合同约定的项目盈利，甲方应及时履行合同约定的告知义务。

4.2 利润计算方式如下：

4.2.1 甲乙双方确认，影片总收入是指本片发行商依据本协议、发行协议或与原先签订的相关协议之约定在中国大陆发行地区、发行授权期限内发行本片所获得的一切收入，包括但不限于影院放映的片租和影片票房总收入扣除国家专项基金、税金及院线分成、中影数字或华夏发行的分成后由发行商享有的分账收益等。

4.2.2 票房总收入：全国各院线公司、影院等发行放映单位（统称"影院"）通过行使发行放映权放映影片所形成的原始票房总额 [以中影数字电影发展（北京）有限公司出具的票房数据为准]。

4.2.3 净票房收入 = 票房总收入 - 国家电影专项基金 - 增值税金及附加税；国家电影专项基金 = 票房总收入 × 5%；增值税金及附加税 = 票房总收入 × 3.3%。

4.2.4 如国家相关法律、法规、政策对上述比例有所调整或与本合同的约定不一致，则以相关法律、法规、政策的规定为准。

4.2.5 乙方取得的收益 = (影片总收入 - 宣发费用 - 发行代理费 - 其他必要成本) × 投资比例(%)，上述实际结算以中影或华夏所提供的结算单为准。因收益而产生的税费，乙方如是自然人，则由甲方代扣代缴；乙方如是机构，则由乙方自行缴纳后，向甲方提供发票。如因乙方未提供该发票而导致甲方延迟付款，则不视为甲方违约。同时，在双方合作过程中，双方互相协商配合，尽量节省财务成本。

4.3 乙方享有本影片电视版权收益权、网络版权收益权。

4.4 乙方享有本影片签名海报及礼品。

4.5 发行收益报送和结算支付。

4.5.1 自影片在中国大陆地区公映日起，甲方须于每月最后一日将中国大陆地区各影院票房统计报表报送乙方，如遇法定节假日及双休日顺延。

4.5.2 发行结算报告。

4.5.3 结算周期：经双方同意，于影片上映后六个月起至乙方所享有的收益权期限内（共一年），每六个月进行一次发行收益结算（以中影实际分账日期为准）。每个结算期结束后15个工作日内，甲方向乙方提交结算报告，甲方应在收到双方均盖章确认的书面结算单后15个工作日内,向乙方支付其应得部分款项。

4.5.4 除本协议有明确规定外,双方按照中国相关税收法律、法规和政策规定自行承担各自应缴纳之税款。

二、预计票房收益

该影视作品的预计票房收益如表2-12所示。

预计收益分红 = 票房总收入 × 分账比例(0.35)× 认购份额(%)

表2-12 预计票房收益模型

单位:元

预计票房	8亿	12亿	15亿	20亿	25亿	30亿	35亿	50亿	份额占比
购买总利润	1亿	2.4亿	3.45亿	5.2亿	6.95亿	8.7亿	10.45亿	15.7亿	100%
购买18万	28万	42万	52.5万	70万	87.5万	105万	122.5万	175万	0.10%
购买27万	42万	63万	78.75万	105万	131.25万	157.5万	183.75万	262.5万	0.15%
购买36万	56万	84万	105万	140万	175万	210万	245万	350万	0.20%
购买54万	84万	126万	1575万	210万	262.5万	315万	367.5万	525万	0.30%
购买72万	112万	168万	210万	280万	350万	420万	490万	700万	0.40%
购买90万	140万	210万	262.5万	350万	437.5万	525万	612.5万	875万	0.50%
购买144万	224万	336万	420万	560万	700万	840万	980万	1400万	0.80%
购买198万	308万	462万	577.5万	770万	962.5万	1155万	1347.5万	1925万	1.10%
购买288万	448万	672万	840万	1120万	1400万	1680万	1960万	2800万	1.60%

续表
单位：元

预计票房	8亿	12亿	15亿	20亿	25亿	30亿	35亿	50亿	份额占比
购买396万	616万	924万	1155万	1540万	1925万	2310万	2695万	3850万	2.20%
购买594万	924万	1386万	1732.5万	2310万	2887.5万	3465万	4042.5万	5775万	3.30%

按照表2-12所示的收益模型，当该影片票房收入达到8亿元时，如果外部合伙人投资18万元，获得份额占比（即此项目中的虚拟股权比例）为0.10%，拟获得收益28万元，投资收益率约达156%（28万元÷18万元×100%≈156%）。

从此案例中不难看出，该项目的本质是项目跟投型的虚拟股权投资产品，同时也是一款不保本保息的风险理财产品。因为上述收益试算均建立在获得足够多票房（如8亿元以上）的基础上，如果票房惨淡，不足以覆盖各项成本支出，在这种情况下，不要说收益，投资的本金恐怕都将亏损。

请大家思考一下，上面案例中提到的影视作品投资项目，是属于存量型还是增量型的虚拟股权模式？答案是后者。因为某虚拟股权（分红权）的对象是超过目标销售额的部分。

2.1.4 运用虚拟合伙模式需要注意的问题

企业在经营中运用虚拟合伙模式需要注意以下问题。

一、适用于有稳定营收、盈利水平的企业

显而易见，虚拟合伙模式并不适合初创企业。众所周知，初创企业面

临资金、人才、市场等多方面的压力，无法保证公司有稳定的营收和盈利。这样的情况下，如果贸然采用此种模式，而企业在期满时无法按照约定兑现承诺，则不仅会极大地打击员工的士气，还会让员工对公司管理层产生不信任感。相反，如果在业务已经走上正轨，并且有稳定的营收、盈利水平的企业中推广这一模式，则成功落地的概率会增大很多。

二、虚拟股权的锁定年数不宜设定过短或过长

如果虚拟股权锁定周期设定的年数过短，则无法最大限度地发挥"分配按年递延＋股权价值递增"的作用，从而会削弱该模式希望实现的"员工与企业绑定一起发展"的作用。相反，如果设定的虚拟股权锁定周期的年数超过5年，就属于长周期，一方面，不利于企业利用该模式筛选符合企业发展的员工；另一方面，多年都无法变现的话，容易让员工产生倦怠心理。从实践经验来看，一般把锁定周期的年数设定为3~5年较为合理。

三、最好不要让员工出钱购买虚拟股权

虚拟合伙模式主要用来激励一线员工的积极性和主动性，让员工与企业一起发展，共享收益。激励对象中有很多是进入公司时间不长的新员工，可能经济上没有太多余力出钱购买虚拟股权。一般来讲，为了鼓励员工积极参与虚拟股权激励计划，企业最好不要让员工自己出钱购买，而是免费提供虚拟股权。例如，华为的TUP，就不需要员工出钱购买虚拟股权。

2.2 事业合伙

从华为和永辉超市的案例可以看出，如果只有虚拟股权的激励，则很难让优秀的经理、店长分享公司发展带来的长期红利，也就难以培养

他们对企业的归属感，最后会导致优秀员工的流失。所以，华为对虚拟股权计划中表现优异的前 30% 的员工，将给予公司股权（需要本人出资购买），使其成为公司的事业合伙人。

事业合伙是指让优秀员工和干部拥有公司股权，成为事业合伙人，但公司仍不失控制权的一种模式。

2.2.1　事业合伙落地五步法

事业合伙的操作步骤包括选拔、估值、出资、分红和退出五个，如图 2-3 所示。

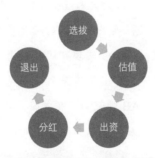

图 2-3　事业合伙的五个步骤

一、事业合伙人的选拔

在公司内部推行事业合伙人计划时，首先需要做的是储备和选拔事业合伙人。储备是指在公司的日常经营活动中，有意识、有组织地对表现优异的员工进行跟踪管理，建立潜在事业合伙人的"蓄水池"，以避免正式实行事业合伙人计划时无人可选，导致出现"巧妇难为无米之炊"的尴尬局面；选拔是指根据公司制定的针对事业合伙人的评估标准，选出合适的合伙人。

案例 2-4　堪称经典的阿里巴巴合伙人制度

在现代中国企业的合伙人制度中,阿里巴巴的合伙人制度想必是最与众不同的一个。

2014年9月,伴随着在美国纽交所上市,阿里巴巴(以下简称"阿里")的合伙人制度也完全"浮出水面",进入了大众的视野。根据阿里于同年5月7日向美国证券交易监督委员会(以下简称"美国证监会")提交的IPO招股说明书(以下简称"招股书")及其他公开信息,我们不难发现阿里合伙人制度的独到之处。

(1) 阿里合伙人制度的主要特点

仔细研读阿里合伙人制度的内容就会发现,其主旨是通过制度安排,以掌握公司控制权为手段,确保核心创始人和管理层的权益并传承他们所代表的企业文化。然而,为了实现"同股不同权"的目的,阿里与其他在美上市公司的做法不同,并没有采取双重股权制度实现管理层控制上市公司,而且与运用"AB股架构"在中国香港上市的小米公司的模式也不同,阿里通过设立一层特殊权力机构来对抗其他股东的权力,并稳定创始人和管理层现有的控制权,这层机构就是阿里合伙人。

因此,阿里合伙人虽然使用了合伙人这一名称,却与《中华人民共和国合伙企业法》(以下简称《合伙企业法》)等法律规范定义的合伙人存在本质上的区别。

(2) 阿里合伙人制度的主要规定

1) 合伙人的资格要求

①合伙人必须在阿里服务满5年。

②合伙人必须持有公司股份,且有限售要求。

③由在任合伙人向合伙人委员会提名推荐,并由合伙人委员会审核同意其参加选举。

④在一人一票的基础上，由超过75%的合伙人投票同意其加入，合伙人的选举和罢免无须经过股东大会审议或通过。此外，成为合伙人还要符合两个弹性标准：对公司发展有积极贡献；高度认同公司文化，愿意为公司使命、愿景和价值观竭尽全力。

2）合伙人的提名权和任命权

①合伙人拥有提名董事的权利。

②合伙人提名的董事占董事会人数一半以上，因任何原因董事会成员中由合伙人提名或任命的董事不足半数时，合伙人有权任命额外的董事，以确保其半数以上董事控制权。

③如果股东不同意选举合伙人提名的董事，那么合伙人可以任命新的临时董事，直至下一年度股东大会。

④如果董事因任何原因离职，合伙人有权任命临时董事以填补空缺，直至下一年度股东大会。

阿里合伙人的提名权和任命权，可视作阿里创始人及管理层与大股东协商的结果。通过这一机制的设定，阿里合伙人拥有了超越其他股东的董事提名权和任免权，控制了董事人选，进而决定了公司的经营运作。

3）合伙人的奖金分配权

阿里每年会向包括公司合伙人在内的公司管理层发放奖金，阿里在招股书中强调，该奖金属于税前列支事项，这意味着合伙人的奖金分配权将区别于股东分红权。股东分红是从税后利润中予以分配的，而合伙人的奖金分配将作为管理费用处理。

从这个设计上就可以看出，将合伙人奖金作为管理费用比从税后利润中分配更能确保合伙人的经济利益。

4）合伙人委员会的构成和职权

合伙人委员会共有5名委员，其主要职责如下。

①审核新合伙人的提名并安排其选举事宜。

②推荐并提名董事人选。

③将薪酬委员会分配给合伙人的年度现金红利分配给非执行职务的合伙人。

合伙人委员会的委员实施差额选举，任期3年，可连选连任。合伙人委员会是阿里合伙人架构中最核心的部门，把握着合伙人的审核及选举事宜。

阿里合伙人制度的绝妙之处远不止于此。为了确保阿里合伙人制度的长期性和稳定性，阿里还创造性地设计了以下规则。

（1）从规则上增加合伙人制度变更的难度

阿里合伙人制度的变更需要通过两重批准：董事批准和股东表决。

从董事层面看，任何对于阿里合伙协议中关于合伙人关系的宗旨及阿里合伙人董事提名权的修订，必须通过多数董事的批准，且该董事应为纽交所公司管理规则303A中规定的独立董事。对于合伙协议中有关提名董事程序的修改，则需要取得独立董事的一致同意。

从股东层面看，根据上市后修订的公司章程，修改阿里合伙人的提名权和公司章程中的相关条款，必须获得出席股东大会的股东所持表决票数95%以上同意，方可通过。

（2）与大股东达成拘束协议，巩固合伙人控制权

阿里合伙人与大股东软银、雅虎达成了一整套表决权拘束协议，以进一步巩固合伙人对公司的控制权。

根据阿里的招股书可知，上市公司董事会共有9名董事成员，阿里合伙人有权提名简单多数（即5人）。如果软银持有阿里15%以上的股份（2014年实际持有34%左右的股份），软银则有权提名1名董事，其余3名董事由董事会提名委员会提名，上述提名董事将在股东大会上由简单多数选举产生。根据前述表决权拘束协议，阿里合伙人、软银和雅虎将在股东大会上以投票互相支持的方式，确保阿里合伙人不仅能够控制董事会，而且能够基本控制股东大会的投票结果。

上述拘束协议约定如下。

1）软银承诺在股东大会上投票支持阿里合伙人提名的董事当选，未经马云及蔡崇信同意，软银不会投票反对阿里合伙人的董事提名。

2）软银将其持有的不低于阿里 30% 的普通股投票权置于投票信托管理之下，并受马云和蔡崇信支配。鉴于软银有 1 名董事的提名权，因此马云和蔡崇信将在股东大会上用其所拥有和支配的投票权支持软银提名的董事当选。

3）雅虎将动用其投票权支持阿里合伙人和软银提名的董事当选。

从阿里合伙人制度的内容中不难看出，阿里巧妙地设计出了独特的合伙人制度，并通过它近乎完美地制定了控制公司董事会的"游戏规则"，以较少的股权掌控了公司的经营管理权。

选拔事业合伙人的标准

从上述阿里的案例中可以看出，事业合伙人对于企业的发展和稳定至关重要。笔者认为，选拔事业合伙人的标准主要有以下四个。

1）比起具体的能力，更重要的是事业合伙人必须高度认同公司的经营理念、愿景和价值观。这些底层的"软实力"的高低决定了选拔对象是否适合做公司的事业合伙人。

2）需要具备带领公司不断"打胜仗"的领导力和管理能力。

3）不怕困难、不怕失败的坚毅力及解决实际问题的能力。

4）在公司工作 5 年以上的中高层人员。

案例 2-5　A 公司的事业合伙人的综合评估模型

A 公司是一家有着 30 年历史，研发、生产和销售汽车发动机配件的中型制造业企业。为了推行合伙人制度，A公司开发出了一套综合评估模型，如表2-13所示。从表2-13所列评估项目中可以看出，该模型所包含的衡量合伙人的要素比较全面、均衡。

表2-13 事业合伙人的综合评估模型

维度	序号	因素名称	得分	因素定义
职位价值	1	战略影响	10分	职位所能影响到的战略层面和程度
	2	管理责任	10分	职位在管理和监督方面承担的责任大小
	3	工作创造性	10分	职位在解决问题时所需要的创造能力
	4	工作复杂性	10分	职位在工作中所面临的问题的复杂性
素质能力	5	专业知识能力	10分	员工所具有的专业知识能力的深度和广度
	6	目标达成能力	10分	员工对其年度目标的平均达成程度
	7	价值观	5分	员工与企业的价值观是否一致
历史贡献	8	销售业绩贡献	10分	员工以往对销售业绩的贡献大小
	9	技术进步贡献	10分	员工以往对技术进步的贡献大小
	10	管理改进贡献	10分	员工以往对管理改进的贡献大小
	11	员工工龄	5分	是否为企业的早期员工（如企业初创两年内的员工）

企业可以运用表2-13对候选合伙人进行评估，如同运用人才薪酬绩效考核工具那样，进行量化考核，如综合得分在70分以上的可以认定为符合条件。企业的人力部门需要对表2-13进行进一步量化，明确定义1~10分之间的具体得分标准。

二、公司估值

对于公司的经营者而言，无论是在公司内部选拔合伙人，还是引进外部投资人，首先需要解决的是公司值多少钱的问题，然后才是解决出资和占比等问题。公司估值是合伙人制度中既重要又敏感的问题。如果公司估值过高,将影响内部合伙人和外部投资人成为合伙人的主动意愿;相反地,如果公司估值过低,则会打击公司拥有者的积极性,使其产生一种吃亏的感觉,而且不利于今后合伙人之间的合作共赢。所以,运用科学合理的估值方法,对公司客观公正地估值是十分有必要的。

公司估值有两个重要的概念,即投前估值和投后估值。两者的关系公式如下:

投后估值 = 投前估值 + 投资金额

在商业实际操作中,一般情况下,投资人给出的估值如果没有特别说明,那么均指的是投后估值。

案例2-6　投资人投资A公司1000万元,占股多少?

A公司是一家研发、生产和销售扫地机器人的创业企业,注册资金为500万元,由三位"80后"合伙创办,已经研发出了Ver1.0样机,并受到了资本市场的关注。投资公司F有意愿投资A公司,并对其估值1亿元,准备投入1000万元,这里估值1亿元指的是投后估值,即投资人希望用1000万元买下A公司10%的股份。如果A公司认为1亿元的估值是投前估值,那么对应的投后估值就是1.1亿元,这样的话,投资公司F的1000万元只能买到A公司9%(1000万÷11000万×100%≈9%)的股份。两种计算方式相差了1%的股份。

(一) 公司估值的方法

对公司进行估值,具体有哪些方法和工具呢?一般来讲,主要有PS估值法、PE估值法、PB估值法、DCF估值法和同行业平均值法,如图2-4所示。在实务操作过程中,需要根据公司发展的阶段、规模及所处的行业等因素,选择适合的估值方法。

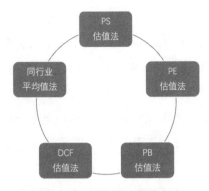

图 2-4　公司估值的主要方法

1. PS 估值法

PS 估值法即市销率估值法，其说明如图 2-14 所示。

表 2-14　PS 估值法

公式	企业价值=企业销售收入×市销率倍数
优点	（1）销售收入非常稳定，波动较小 （2）销售收入不会出现负值，产生收入的渠道清晰可辨
缺点	（1）未考虑企业的实际盈利能力和真实盈利水平 （2）无法反映公司的成本控制能力
适用范围	利润金额较小，甚至为负的平台型企业、互联网企业

案例 2-7　一家新消费领域的初创企业的估值

W 公司是一家研发、生产、销售功能性饮料的初创企业。随着近几年国内新消费领域赛道的火热，尤其是该领域的"明星"企业（如完美日记、东鹏饮料等）纷纷 IPO 成功之后，国内资本市场十分看好该领域的发展前景，不断下重注投资新消费领域有潜力的初创企业。在此背景下，因为拥有强大的研发能力和独特配方，W 公司也受到了资本市场的追捧。W 公司已研发出了面向 20～30 岁年轻群体的助缓解疲劳的功能性饮料，并与两家大型连锁商超签订了供货合同。W公司希望融资1000万元，投入研发和生产。对于这样一家初创企业，应该如何估值呢？

天使投资公司V公司有意愿投资W公司，对W公司的项目进行了实地考察，调查了同行业的竞品企业，并查看了W公司的财务报表。根据调查得到的信息，V公司对W公司未来三年（即2017—2019年）的销售收入做出了预测，分别是800万元、1800万元和3800万元。

鉴于2017年W公司虽然会有销售收入，但利润预估为负，因此V公司使用PS估值法对W公司进行了估值。PS数值的计算公式：（800万元+1800万元+3800万元）÷3≈2133万元。

考虑到资本市场看好新消费领域有潜力的企业，此领域的优质初创公司估值的"市场行情"是PS数值乘以2～3倍。在此现实背景下，V公司对W公司的估值，采用了2倍PS数值的计算方式，即估值为2133万元×2=4266万元。

V公司投资1000万元，双方持股比例分别是：W公司持81%（4266万元÷5266万元），V公司持19%（1000万元÷5266万元）。

双方还约定了对赌条款，规定当W公司未来三年的实际销售收入的合计金额低于上述预测合计金额的50%时，W公司将按照双方约定的公司估值金额，从V公司回购5%的股份。同时规定，如果将来W公司因经营不善而清算，那么W公司的创始股东要放弃剩余资产的分配权等。

2. PE估值法

PE估值法即市盈率估值法，其说明如表2-15所示。

表2-15　PE估值法

公式	企业价值=企业净利润×市盈率倍数
优点	（1）测算简单、便捷、直观 （2）可以直接从公开市场（如股市）获得所需的估值数据

续表

缺点	（1）不适合亏损企业（适合有一定体量，且有一定利润规模的企业） （2）当企业处于初创阶段或开拓一个全新的细分产业时，由于缺乏合理的预期利润，市盈率估值法的运用受到很大限制
适用范围	上市公司及有一定利润的大中型企业

在实际操作中，市盈率估值法是对企业估值最常用、最普通的方法之一。通常来讲，市盈率估值不适用于利润为零或为负数的公司。从PE（市盈率）倍数来看，0~14倍说明价值被低估，15~20倍属于正常水平，21~27倍说明价值被高估；当PE倍数在28倍以上时，我们可以认为出现了投机性泡沫。

国内一家一线投资基金公司的高管P先生告诉笔者，目前国内企业IPO时，PE的平均值一般为22倍。对照上述PE倍数的参考标准，22倍已经属于企业价值被高估。

3. PB估值法

PB估值法即市净率估值法，其说明如表2-16所示。

表2-16 PB估值法

公式	企业价值=企业账面净资产×市净率倍数
优点	（1）数据获取方便、计算简单 （2）不必考虑资产的收益情况，减少了运用过程中对盈利等情况的要求，避免了市盈率估值法对微利或亏损企业估值的无计可施问题
缺点	（1）忽视了人力资源、管理水平、品牌等一些重要的价值驱动要素 （2）由于各企业所采用的会计政策不同，账面价值容易被人为操纵，从而导致不同企业的净资产缺乏可比性 （3）企业财务报表中的净资产数值是历史数据，它与企业创造未来收益的实际能力相关性较小，导致估值结果与现实的相关性较差

续表

适用范围	重资产、利润较低、现金需求大、资金回笼时间长的行业

4. DCF 估值法

DCF 估值法即现金流量折现估值法,其说明如表 2-17 所示。

表 2-17　DCF 估值法

公式	公司的价值是预期未来现金流折现值,DCF=EBIT×(1-X)+D-CE-△WC+△Debt(EBIT=息税前利润,X=税率,D=折旧,CE=资本性支出,△WC=营运资本的变化量,△Debt=负债的增加)
优点	用现金流量折现的方式可以很好地衡量企业的盈利能力,该模型可以从根本上体现企业价值
缺点	DCF模型对未来现金流预测的准确性较差,评估者基于不同理解,在具体计算未来现金流的过程中容易出现较大偏差
适用范围	目前虽然利润不多,但未来盈利能力有很好预期的企业

5. 同行业平均值法

同行业平均值法的说明如表 2-18 所示。

表 2-18　同行业平均值法

公式	企业估值=同行业同等规模销售额的企业估值的平均值×倍数
优点	通过公开渠道可以便捷地获得各行业大中型企业的销售收入等数据,并且可以较为容易地据此计算出同行业同等规模企业的销售额均值
缺点	(1)由于对同行业同等规模企业的估值方法不同,造成企业估值的平均值与实际情况有较大偏差 (2)不适合规模小、销售收入低的初创企业
适用范围	营收和盈利能力稳定的大中型企业

（二）公司控制权的变化

一般来讲，一家公司从创立到发展壮大，为了引进外部资本，需要经过多轮融资。在不同轮次的融资过程中，公司创始团队的股权会被不断稀释。笔者认为，为了保持对公司经营的决策权，创始团队不应在过早阶段（如天使轮、A轮、B轮）出让过多的股份。表2-19所示的公司经历了5轮融资，在第5轮（即D轮）创始团队持股比例才低于50%，突破了公司相对控制权的持股比例（即51%），但仍然是公司第一大股东。

表2-19 创始团队对公司控制权的变化

轮次	内容						
	创始团队	投资者1 天使轮	投资者2 A轮	投资者3 B轮	投资者4 C轮	投资者5 D轮	创始团队是否控股
天使轮	80%	20%	—	—	—	—	是
A轮	68%（80%×85%）	17%（20%×85%）	15%	—	—	—	是
B轮	57.8%（68%×85%）	14.5%（17%×85%）	12.7%（15%×85%）	15%	—	—	是
C轮	52%（57.8%×90%）	13.1%（14.5%×90%）	11.4%（12.7%×90%）	13.5%（15%×90%）	10%	—	是
D轮	46.8%（52%×90%）	11.8%（13.1%×90%）	10.3%（11.4%×90%）	12.1%（13.5%×90%）	9%（10%×90%）	10%	否

（三）公司估值的调整

公司在经营过程中会面临各种不确定性和风险，既有来自外部的，也有来自内部的。这就导致公司创始团队最初在融资时与投资人设定的经营业绩目标,未必都能够按照当初约定计划顺利实现。在这样的背景下,合伙人或投资人通常是按照经营指标的完成情况分期出资的。如果融资企业的经营指标未如期完成,投资人就会对融资企业进行估值调整,即所谓的"对赌"。对赌,多是在融资企业和投资人的投资协议中,以"对赌条款"的形式出现的,一般会约定当融资企业未达成预期经营业绩时,以什么形式和条件回购投资人的股权。

对赌条款是一种"估值调整制度"(Valuation Adjustment Mechanism,VAM),一般包括股权对赌和现金对赌两种。在国内创投圈,公司创始人因与投资人签订对赌协议而最后对赌失败的著名案例:一个是曾经的餐饮巨头企业俏江南;另一个是案例2-8中介绍的,曾经的中国影视制作独角兽企业小马奔腾。

案例 2-8 小马奔腾创始人与资本对赌失败,遗孀继承其负债

作为中国影视圈的"黑马"独角兽企业和资本市场的宠儿,小马奔腾曾经可谓风光无限。它参与投拍了国内不少知名影视剧,其中包括《历史的天空》《甜蜜蜜》《武林外传》《建党伟业》《无人区》《将爱情进行到底》等热播剧。2011年3月,小马奔腾以高达7.5亿元人民币的规模开启了新一轮融资,创下了当时中国影视业融资纪录。2011年,小马奔腾以实际控股人李明的个人名义签署了一份《投资补充协议》(即"对赌协议"):若小马奔腾未能在2013年12月31日之前实现合格上市,建银文化则有权要求小马奔腾或李萍、李莉、李明(注:李萍为李明之妹,李莉为李明之姐)中的任何一方一次性收购其所持小马奔腾的股权。同时,还要另付10%的年复利息。金燕解释,建银文化投资小马奔腾4.5亿元人民币,若小马奔腾上市失败,那么按照协议内容,小马奔腾或李萍、李莉、李明中的任何一方不仅需要偿还4.5亿元,同时还要偿还每年

10%的"利滚利"，按此计算，总金额高达6.35亿元。

2014年1月2日，小马奔腾董事长、创始人李明因突发心肌梗死离世。仅仅20天后，其遗孀金燕匆匆上任，接替李明担任董事长兼任总经理职位。同年，金燕被公司董事会罢免。李明突然离世，其所涉债务便落在了遗孀金燕的头上。据金燕讲，当年的对赌协议，她没有签字，巨额的投资款项，也没有用于夫妻共同生活，她坚称自己甚至都没持有过小马奔腾的股权，她不明白这一切为什么要她来承担。她补充道，直到被推到董事长兼总经理的位置，她才知道了对赌协议的存在。

2004年施行的《中华人民共和国婚姻法》（以下简称《婚姻法》）司法解释（二）第二十四条规定，债权人就婚姻关系存续期间夫妻一方以个人名义所负债务主张权利的，应当按夫妻共同债务处理。按金燕本人的说法，本案成了《婚姻法》司法解释（二）第二十四条有史以来额度最大的案件。据说，当时仅诉讼费就高达上百万元。不过，现行的法律已经对此进行了颠覆性的修改。目前夫妻一方举债，通常会被认为是个人债务，不再认定为夫妻共同债务。

由此案例可以看出，融资企业与投资人签订对赌协议，对后者的权益来讲是一种保护，而对前者来说可能隐藏着极大的风险。融资企业的创始人及创始团队面对投资人要求签署对赌协议，一定要谨慎从事，不签署为上策。否则，经营企业充满变数，其后果可能会像本案例那样"万劫不复"。

三、事业合伙的出资

事业合伙的出资主要包括现金出资、无形资产出资和实物出资三种形式。接下来我们将主要介绍前两种出资形式，及其各自的优缺点。

（一）现金出资

现金出资，顾名思义，指的是合伙人以现金方式投资入股，成为合伙人的方式。

笔者认为，现金出资是各种出资形式中最直接、最简单、最靠谱的方式，同时也最能够表明合伙人对于企业的信任，愿意长期合作并抱有共存共赢的积极愿望。国外实行合伙人制度的著名企业，如美国的投资银行高盛及咨询公司麦肯锡，就规定合伙人不仅要缴纳高额的入伙费，还必须将合伙收益的大部分存于公司作为股本金。

但有些企业在实行合伙人制度的过程中，会遇到预选合伙人不能缴纳现金作为合伙金的情况。原因大概有以下三个。

（1）合伙人因为房贷、车贷等经济负担，没有资金购买。

（2）合伙人对企业不信任，不看好企业发展。

（3）企业对合伙人计划的股份估值过高，导致合伙人认为花钱入股不划算。

案例 2-9 格力电器第一期员工股权激励计划，为何实行效果不理想？

2021年6月20日，格力电器（000651）发布了第一期员工持股计划公告（草案），投入之前从二级证券市场回购的公司股权，引起各方广泛关注。该公告称，为激励公司高管和优秀员工，格力电器1.2万名员工可以5折的价格购买格力股票，行权价约为27.68元/股，涉及金额高达30亿元。格力高管在此次股权激励计划中拟认购的股权比例如表2-20所示。按照当时格力的平均股价水平（即50元/股）来看，这个股权激励计划对于被激励对象来说，是一个不错的"包赚不赔"的项目。但是该计划的实行结果如何呢？

表 2-20　格力股权激励计划的高管拟购股份安排

岗位	持有人	职务	拟认购股数上限（万股）	拟出资金额上限（万元）	占本计划的比例（%）	锁定年数
董事，监事，高级管理人员	董明珠	董事长，总裁	3000.00	83040.00	27.68	2
	张伟	董事，党委书记	60.00	1660.80	0.55	2
	庄培	副总裁	60.00	1660.80	0.55	2
	谭建明	副总裁，总工	60.00	1660.80	0.55	2
	邓晓博	副总裁，董秘	60.00	1660.80	0.55	2
	舒立志	副总裁	60.00	1660.80	0.55	2
	廖建雄	财务负责人，总助	60.00	1660.80	0.55	2
	王法雯	职工监事	8.00	221.44	0.07	2
中层干部，核心员工（预计不超过11992人）			7468.58	206730.29	68.92	2
合计			10836.58	299956.53	99.97	—

笔者把格力电器这次的股权激励计划的主要内容做了如下整理。

格力电器股权激励计划的概要

1. 股权激励计划的核心目的

（1）进一步完善公司的治理结构，建立健全的公司长期、有效的激励约束机制，完善公司薪酬考核体系，有效地将股东、公司和员工三方利益结合在一起，促进各方共同关注公司的长远发展，实现各方共存、共荣。

（2）倡导以价值为导向的绩效文化，确立"数字经营，科学管理"

的经营理念，建立股东与经营管理层、中层干部及核心员工之间的利益共享、风险共担机制，提升公司管理团队的凝聚力和公司的竞争力，确保公司未来的发展战略和经营目标的实现。

（3）为员工提供发展、成长的舞台。倡导公司与个人共同持续发展的理念，充分调动公司高级管理人员及对公司持续发展有直接影响的中层干部、核心员工的主动性和创造性，吸引和保留优秀的人才，多方面打造人力资源优势，为公司的持续快速发展注入新的动力。

2. 激励对象： 公司的中层干部和核心员工（大约1.2万名）。

3. 股权购买价格： 27.68元/股。

4. 考核指标： 需要净利润增长超过10%，每股分红超过2元，如表2-21所示。

表2-21 格力股权激励计划的业绩考核指标

归属期	业绩考核指标
第一个归属期	2021年净利润较2020年增长不低于10%，且当年每股现金分红不低于2元或现金分红总额不低于当年净利润的50%
第二个归属期	2022年净利润较2020年增长不低于20%，且当年每股现金分红不低于2元或现金分红总额不低于当年净利润的50%

2021年9月28日，格力电器发布了《拟注销第三期回购部分股份，其余股份仍用于员工持股计划》的公告，再次变更第三期回购部分股份的用途，拟将第三期回购已买入股份的70%（即2.21亿股）进行注销以减少注册资本，其余30%（约0.95亿股）仍将用于实施员工持股计划。

据财经网报道，格力电器召开的2021年第二次临时股东大会上，有投资人提问："听闻格力员工持股计划认缴比例不是很高，这背后的原因是什么？"对此，董明珠回应称，一方面是因为公司员工没钱，不够缴纳持股认购金额；另一方面则是因为格力员工持股计划的要求是，到退休年龄才可以退出,如果中途离职,股票会被完全收回并注销。

综合相关信息,笔者总结出了格力电器股权激励计划没有得到员工积极响应的三个原因。

1. 符合条件的员工没钱购买股权

笔者通过格力电器财务报告等公开信息,发现格力员工在薪酬等方面,与同行业中相同或相近规模公司相比,低于行业平均水平。换句话说,格力员工的薪资并不高,一下子拿出几万元,甚至几十万元购买公司的股票,对他们而言可能确实困难。

2. 业绩考核指标比较严格

格力此次的员工持股计划事实上要根据归属考核期内的考核结果,分两期将对应的权益归属。格力员工要拿到这些钱,就需要好好干,靠本事兑现业绩承诺。年度净利润增长10%,在一般人看来似乎容易实现,但对于体量巨大的格力来说,这个业绩考核指标并不是轻而易举就能达成的。

3. 所持股权不能轻易让渡变现

格力员工持股计划解禁后,持有股权的员工并不能随意出售股权退出。公告显示,员工从公司退休前,因本员工持股计划股票权益过户至个人证券账户而直接持有的股票,由工会行使表决权,未经工会事先书面确认,不得自行出售或设定质押,否则工会有权收回员工对应的股份收益。换句话说就是,虽然表面上员工所持股权可以在两年后解禁,但原则上员工只能在退休后才能让渡股权变现。

(二)无形资产出资

无形资产一般是指包括知识产权等在内的非实物资产,是能够给公司经营带来正向价值，起到重要作用的资产形式。

案例 2-10　X 公司与 Y 博士的专利技术出资纠纷

X 公司是一家研发及销售医疗影像存储管理系统（PACS 系统）的初创企业，注册资金为 1000 万元，由 CEO（首席执行官）、CTO（首席技术官）和 CMO（市场总监）分别出资 600 万元（占股 60%）、200 万元（占股 20%）和 200 万元（占股 20%）。X 公司由于自身所拥有的独特技术优势，开发出的管理系统得到了市场的认可，并与两家三甲医院签约，X 公司处在稳步发展之中。

前不久，X 公司的 CEO 在某市举办的创新创业交流大会上，认识了回国创业的医学 AI 专家 Y 博士。两个人一见如故，相谈甚欢。特别是对 AI 技术在医疗影像领域的应用前景，双方的观点十分接近，认为 AI 分析功能将极大提升现有医疗影像系统的读片效率及准确性，双方都表达了希望合作的意愿。Y 博士告诉对方，自己拥有 AI 分析医疗影像方面的专利，并已在国内登记，希望以此专利作为无形资产出资，加入 X 公司并获得其 50% 的股权。X 公司的 CEO 认为对方开价过高，自己不能马上决策，需要回去与公司创始团队中的其他成员商量。

X 公司的三位联合创始人经过协商，达成了一致结论，认为 Y 博士以专利入股的"价码"过高，无法接受。不过，在与 Y 博士正式交涉之前，有必要委托公司的顾问律师对其专利的现状及价值进行评估。一周后，公司顾问律师的调查报告显示，Y 博士的专利确实已在国内登记，并按期缴纳了专利服务费用，仍处在有效保护期内。此外，并没有其他公司对该专利的所属权提出异议。同时，律师在调查中没有发现与该专利原理、功能近似的 AI 分析医疗影像系统方面的专利，因此，可以认为该专利具有一定的技术先进性。

X 公司的创始团队在之后的一个月中，与 Y 博士就合作模式、专利出资所占股权比例等问题进行了多次协商、交涉，最终达成了以下共识。

1. 专利出资所占股权比例

X 公司虽然认可 Y 博士专利的价值，但是 X 公司处于初创阶段，缺乏发展资金，在该专利尚未经过市场检验、尚未产生任何经济效益的情况下，Y 博士占股 15% 比较合理（三位初始股东同比例稀释股份并让渡该股比）。此阶段应以货币资本为主，由出资的创始团队，即投资方主导运营公司。

2. 设立"股权期权池"

Y 博士与 X 公司在投资协议中约定，预留"15% 股权期权池"，对于 Y 博士所持有的技术股，以动态股权方式，按照研发成果、投入市场的效果、对公司营收的实际贡献，分阶段逐年从股权池中予以分配，逐步提高技术股所占比例。同时，按照"同股不同权"原则，约定 Y 博士每一股可享受 1.5 倍的分红权，即 22.5% 的分红权。

3. 评估专利价值，逐步释放"期权池"股份

X 公司将聘请有资质的第三方专业评估机构对 Y 博士的专利价值进行评估，并根据评估结果，逐年释放 15% 的期权池，直至达到约定上限，Y 博士持有 30% 为止。

双方均对上述协商结果表示满意。一个月后，双方办理了 Y 博士的股权登记手续。X 公司在那之后得以快速发展，并成功地获得了融资。

1. **无形资产出资的程序**

通常来讲，无形资产出资需要经过评估、所有权转移两个程序。

（1）无形资产评估

以无形资产出资时，需要由行政管理部门认可的第三方评估机构进行价值评估。评估方法一般首选"收益法"。收益法常用指标有收益额、收益期限和折现率。收益额是指由无形资产直接带来的、未来可实现的超额收益。收益期限是指无形资产具有的实现超额收益能力的时间长度。

（2）办理财产转移手续

对于无形资产出资，《中华人民共和国公司法》（以下简称《公司法》）规定，应办理财产转移手续，即需要将无形资产所有权属由股东变更为公司。（说明：股东通过无形资产出资形式，入股公司后，该权属由该股东变更为公司。）

2. 涉及无形资产出资的法律法规

《公司法》

第二十七条：股东可以用货币出资，也可以用实物、知识产权、土地使用权等可以用货币估价并可以依法转让的非货币财产作价出资；但是，法律、行政法规规定不得作为出资的财产除外。

《公司注册资本登记管理规定》

第五条：股东或者发起人可以用货币出资，也可以用实物、知识产权、土地使用权等可以用货币估价并可以依法转让的非货币财产作价出资。股东或者发起人不得以劳务、信用、自然人姓名、商誉、特许经营权或者设定担保的财产等作价出资。

3. 以无形资产出资时需要注意的问题

（1）无形资产产权所属的问题

关于无形资产产权所属，需要重点关注职务发明的问题。如果是自然人股东以无形资产出资，就需要设法证明该无形资产不属于职务发明；而当公司用无形资产出资时，则需要设法证明该无形资产属于职务发明。

（2）无形资产出资的程序问题

以无形资产出资时，需要确定该无形资产是否经过第三方评估机构的评估，以及该评估机构是否具备相应的资质。

（3）无形资产的价值问题

以无形资产出资时，需要确定是否存在价值被高估、是否导致虚假出资等问题。在实务操作中，如果出资资产不适用于公司经营或对于公司没有价值，则需要由出资股东将账面余额用等额货币或其他资产回购，对于已经不实摊销的金额部分，再以等值货币或其他资产补足。

笔者认为，在合伙人的所有出资模式中，无形资产出资方式受主观因素影响最大，其价值评估结果会因评估机构的不同而产生很大差异，最难以客观的"定量化标准"衡量其真正的价值。

四、事业合伙的分红

俗话说，同甘共苦易，共享富贵难；赚钱难，分钱更难。合伙人之间分钱，要想做得公平合理、皆大欢喜，不仅需要股东们有格局、顾大局，更需要有一定的规章制度。公司股东之间如果针对分钱这件事情，一开始就没有建立公平合理、易于操作的规则，那么在以后的公司经营活动中将会遇到很多麻烦。

1. 公司分红的资金来源

公司分红的原资（即资金来源）一般有表2-22所示的三种来源。

表2-22 公司分红的资金来源

序号	来源	说明
1	企业利润	企业通过经营实现的利润，即营收总额减去总成本
2	企业超额利润	超出预定利润额的部分
3	股东	让渡其所持股份应得分红给企业而带来的收益

第1种和第2种资金来源比较容易理解，而第3种来源并不是十分常见，这种资金来源主要是指，有时企业股东会在不让渡其所持股权所有权的情况下，把其所持全部或部分股权应得的分红让渡给公司作为奖励资金。例如，某股东持有公司2%的股权，年底分红时，他把这部分

股权应得的分红让渡给了公司。

2. 公司分红应遵循的原则

根据《公司法》的规定,公司分红的程序如下。

(1)董事会制订公司的利润分配方案。

(2)股东会审议批准公司的利润分配方案。

《公司法》对公司分红有以下限制规定。

(1)分红的原资须为税后利润,即缴纳企业所得税后的利润。

(2)公司应当先提取利润的 10% 列入法定公积金。

(3)以前年度有亏损并且以前的公积金不足以弥补的,应先用当年利润弥补亏损后再提取当年的公积金,然后分配当年利润。

(4)章程中如没有特殊约定,按照实缴出资比例分取红利;如有特殊约定,则按该特殊约定执行。

此外,经股东会决议,也可以在分红前从税后利润中提取任意公积金。

3. 事业合伙分红的模式

事业合伙的分红,一般包括保底分红、增量分红和评估分红三种模式,如图 2-5 所示。

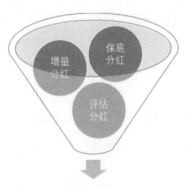

图 2-5　事业合伙的分红模式

(1)保底分红

保底分红是指企业或股东承诺按照一定比例或固定的投资回报兑现分红,给予合伙人奖励,而不论企业业绩是否完成或达标。

在分红问题上,如前文所提到的,《公司法》规定股东按照实缴的出资比例分配并取得红利。在企业经营实务中,如何制定"保底分红"条款呢?

在实务中,可以在合伙人协议中规定大股东必须执行"保底分红"条款,即规定企业每年必须拿出一定比例的分红。例如,投资人向公司投资 2000 万元,占 5% 的股份,双方约定大股东要确保投资人每年保底收益率为其投资额的 5%,即 100 万元,这就是保底分红协议。

(2)增量分红

增量分红是指公司把超出目标利润的金额作为资金来源,分配给合伙人。

在案例 2-2 中,永辉超市采用的就是增量分红模式。

合伙人奖金包

门店奖金包 = 门店利润总额超额 × 30%

门店利润总额超额 = 实际值 − 目标值

门店奖金包上限:门店奖金包 ≥ 30 万元时,奖金包按 30 万元发放。

例如,永辉超市某门店制定的本年度销售额目标为 1000 万元,利润目标为 200 万元。当年实际实现利润 300 万元,超出利润金额部分为 100 万元。按照合伙人奖金包的分配定义,门店奖金包 =(300 万元 −200 万元)× 30%=30 万元。这里的 30 万元便是增量分红的金额。

(3)评估分红

评估分红又称考核分红,是指公司按照绩效考核制度,对事业合伙人当年的实际业绩进行评估,并依照评估结果给予相应的分红奖励。

五、事业合伙人的退出

事业合伙人的退出与事业合伙人的选拔同等重要。俗话说，请神容易送神难。如果某位合伙人的所作所为与公司的价值观、经营理念、要求的能力等背离，不再适合继续留在公司，那么公司应该如何请他退出呢？一般来讲，如果对方是有限合伙企业形态下的持股股东，那么让其退股相对容易；而如果对方是在工商注册的股东（如有限责任公司的股东），那么即便他从公司离职，只要他坚持不退股，公司除了溢价回购他的股权之外，恐怕也拿他没有办法。而这个"退职不退股"的问题，或许将成为今后公司经营过程中一个随时会引爆的"定时炸弹"。

事业合伙人的退出，主要分为正常退出和非正常退出两种形式。其中，正常退出的方式包括荣誉合伙人退出、绩效考核退出、股权回购、IPO上市退出等；非正常退出的方式包括违法犯罪退出、离婚退出、死亡退出等。

下文中将介绍正常退出方式中的"IPO上市退出"的经典案例。

案例 2-11　C 先生随着三夫户外的 IPO 上市，成功套现退出

喜爱户外活动的朋友可能都听说过"三夫户外"这个品牌。它的全称是北京三夫户外用品股份有限公司，是于 1997 年由一位北京大学毕业的年轻人 Z 先生，联合几个同样喜爱户外运动的年轻人创建的。后来三夫户外不断发展壮大，构建了"线下线上零售 + 体验综合店"，户外活动赛事组织，户外运动营地设计、建设、运营和青少年户外体验教育培训等户外产品和服务一体化的整合商业模式，全力打造户外产业生态圈。

C 先生也是一位资深的户外运动"发烧友"，除了经常参加三夫户外举办的活动，还于 2001 年投入三夫户外近百万元，成了该公司的天使投资人，占股 10%。

随着 2008 年北京奥运会的举办，户外运动在国内越来越受欢迎，越

来越多的中青年来到三夫户外参加各种活动。有了大量客户之后，三夫户外开始代理销售户外运动装备及专业服装，公司销售额年年稳步增长。彼时的资本市场也十分看好国内户外运动市场的发展和三夫户外的前景，陆续有几家大型投资机构投资三夫户外，成为其股东。在几轮融资的过程中，C 先生一直坚信三夫户外的未来，虽然所持股份不断被稀释，但他始终没有出售手中的股权。

2015 年 12 月 9 日，三夫户外在深圳证券交易所中小板成功上市。

随着 IPO 的成功，创始股东 C 先生手中仍然持有 3% 的股权。两年以后，即股权出售解禁期过后，C 先生把所持三夫户外的全部股份在二级市场悉数出售，套现近亿元现金，成功地实现了合伙人的"IPO 退出"。

讲了各方欢喜的合伙人退出的成功案例后，接下来我们来讲一个关于非正常退出方式中的"死亡退出"的真实案例。

案例 2-12　春雨医生创始人意外身亡，其遗孀能继承他的股权吗？

在国内创投圈，春雨医生可以说是一家知名度很高的移动互联网医疗创业企业。其首创的在线"轻问诊"模式，开创了国内移动互联网医疗的先河。笔者至今仍然清晰地记得，在 2016 年国庆长假的最后一天，春雨医生官方发布的讣告在全网传开：

北京春雨天下软件有限公司（春雨医生）创始人兼 CEO 张锐先生，因突发心肌梗死，不幸于 2016 年 10 月 5 日晚在北京去世，享年 44 岁。

面对创始人张锐的突然离世，人们都在担心，没有张锐掌舵的春雨医生，今后是否能继续经营下去。由于事出突然，在张锐在世时没有设立遗嘱的情况下，他所持有的春雨医生 12% 的股权，能否让其遗孀继承呢？

正常来讲，如果当事人还活着，股权属于两个人的婚后共同财产，按道理遗孀可以继承。例如，土豆网上市前，就是因为创始人离婚而引发的关于股权的纷争，导致了土豆的上市计划流产。

按照中国法律，公司股权属于遗产，依我国《继承法》《公司法》规定，可以由其有权继承人继承其股东资格和股权财产权益。但由于创业项目"人合"（即当事人的适合性）的特殊性，由合法继承人继承合伙人的股东资格，显然不利于项目事业。因此，《公司法》未一概规定股东资格必须被继承，但公司章程可以对此做出规定，公司全体股东需要遵从公司章程的该规定。一般情况下，公司章程可以约定合伙人的有权继承人不可以继承股东资格，只继承股权财产权益。

2021年11月初，笔者在天眼查中调查了春雨医生的最新股权状态，发现创始人张锐遗孀王羽潇不仅保持股东身份，占股9.77%（继承了张锐的全部股份，因后续融资而被稀释），而且是该公司的总经理。由此可见，当初大家普遍关心的张锐遗孀能否继承其股权及股东资格的问题，得到了完美解决。

2.2.2 事业合伙的主要形式

事业合伙的主要形式是有限合伙企业。按照《中华人民共和国合伙企业法》（以下简称《合伙企业法》）规定，合伙企业是指各合伙人签订合伙协议，共同出资，共同经营，共享收益，共担风险，并对企业债务承担无限连带责任的营利性组织，需要到所在地的工商局登记注册。合伙企业分为普通合伙企业和有限合伙企业。如果没有特别说明，本书中的"合伙企业"指的均是有限合伙企业。

有限合伙企业由两种合伙人构成，一种是普通合伙人（General Partner，GP），负责合伙企业的对外投资决策及内部经营管理，对合伙企业债务承担无限连带责任；另一种是有限合伙人（Limited Partner，LP），不参与合伙企业的经营管理活动，对合伙企业的债务以个人认缴出资金额为上限承担责任。

一、合伙企业与公司制企业的对比

一般来讲，企业的合伙平台主要包括三种类型，即合伙企业、公司制企业及自然人。前两种类型通常被称为法人股东，包括有限公司和股份有限公司两种形态；自然人股东在公司制企业的股东结构中比较常见。

合伙企业与公司制企业作对比时，可以从不同的角度进行分析比较。本书着重说明合伙企业与公司制企业作为持股平台的不同之处。从所依据的法律来看，前者适用的是《合伙企业法》（1997年8月1日施行，2007年6月1日修订），后者依据的是《公司法》（2006年1月1日施行，2014年3月1日修订），两者的具体差异如表2-23所示。

表2-23 合伙企业与公司制企业的对比

对比项	内容	
	合伙企业	公司制企业
法人资格	不具有独立的法人资格，在市场监督管理局取得合伙企业营业执照	具有独立的法人资格，在工商局取得企业法人营业执照
财产归属	合伙企业的财产属于合伙人共有，由全体合伙人共同管理和使用	公司全部财产为公司所有，投资者因向公司投资而丧失对出资财产的所有权
债务责任	不能独立对其所负债务承担责任，全体合伙人以其各自财产对企业债务承担无限连带责任	以其全部财产独立为公司债务承担清偿责任，股东原则上不承担公司债务
股东构成	法人和自然人均可以成为GP或LP	法人和自然人均可以成为股东
治理机构	合伙企业的合伙人对执行合伙事务享有同等权利，按照合伙协议的约定或经全体合伙人决定，可以委托一个或数个合伙人对外代表合伙企业，执行合伙事务	公司治理机构包括股东会（遵循一股一票和资本多数决议原则）、董事会（遵循一人一票与人头多数决议原则）和监事会等分权制衡的公司机构
决策机制	合伙协议未明确约定或者约定不明确的，实行合伙人一人一票并经全体合伙人过半数通过的表决方法	公司股东会做出决策，决定重大事项遵循一股一票与资本多数决议原则

续表

对比项	内容	
	合伙企业	公司制企业
基础文件	合伙协议的修改或补充,除非合伙协议另有约定,否则应当经全体合伙人一致同意	公司设立与运营的基础是公司章程,其修改或者补充作为股东会的特别决议事项,须经出席股东大会的股东所持表决权的2/3以上通过
征税原则	合伙企业不是独立的纳税主体,仅对合伙人从合伙企业取得的投资回报征收个人所得税。因此,合伙企业对于合伙人来讲有节税效果	公司采取双层征税原则,即对公司和股东分别征税,不仅公司要缴纳法人所得税,股东取得分红后仍要缴纳个人所得税
如何退出	合伙人可依法定条件和程序退股	公司股东不得退股,但可以转让股权
经营透明度	企业经营的透明度较小	企业经营的透明度较大
组织规模	资金、规模、效益和竞争力较小	资金、规模、效益和竞争力较大
能否上市	不可以IPO上市	可以IPO上市

二、巧妙利用合伙企业,控制庞大的企业集团

案例2-13 **马化腾如何仅用100万元控制万亿规模的"腾讯系"企业群?**

"腾讯系"创始人马化腾,以3834.5亿元的身价,再次荣登2021年发布的"新财富500富人榜",在中国富豪中位列第三。排名虽然比2020年下滑了一名,但仍然保持在"前三甲"的位置。

马化腾的投资风格与阿里巴巴的创始人马云截然不同,前者以投资参股为主,而不谋求控股被投企业;后者则以最终控股被投企业著称。

笔者查询了天眼查等平台的公开信息,发现马化腾投资的"腾讯系"

版图主要是通过两家公司运作的：一个是深圳市腾讯睿投企业管理有限公司（马化腾持股的投资公司，以下简称"睿投公司"）；另一个是深圳市腾讯产业投资基金有限公司（马化腾未持股的投资公司，以下简称"腾讯基金"）。本书将集中介绍前者，即睿投公司的具体运作模式。

马化腾直接控制的投资板块中，经由终极公司即睿投公司，搭建了一个三层架构体系，如图2-6所示。

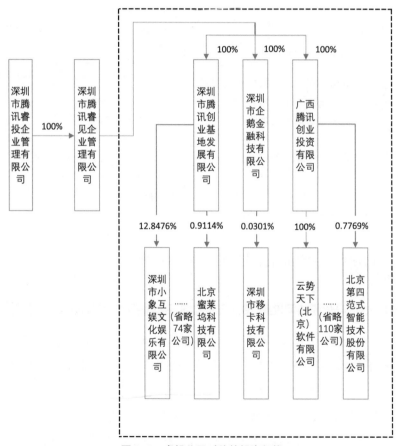

图 2-6 睿投公司对外的投资架构

（1）第一层级公司：深圳市腾讯睿投企业管理有限公司。

睿投公司成立于 2021 年 5 月 25 日，是一家成立不久的新公司，而其背后的股东是各占 50% 股份的两家有限合伙企业。**一家是深圳市藤绿企业管理合伙企业（有限合伙，以下简称"深圳藤绿"）**，另一家是**深圳市藤远企业管理合伙企业（有限合伙，以下简称"深圳藤远"）**。睿投公司的股权架构如图 2-7 所示。

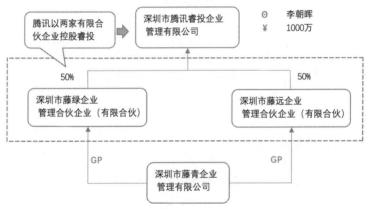

图 2-7 睿投公司的股权架构

看到图 2-7 所示这样的股权架构，有些读者会感到不解，为何不用自然人持股而采用合伙企业持股的形式呢？笔者认为，用合伙企业做睿投公司的股东，有以下两点优势。

第一，关于公司控制权方面的优势。不同于自然人股东持股，有限合伙企业是天然的 AB 股权结构，即可以设计"同股不同权"架构，有利于控制公司。

第二，关于税收筹划方面的优势。有限合伙企业可以享受财政返还优惠政策，这一点是自然人持股所不具备的。

接下来，我们来看一看深圳藤绿和深圳藤远这两家合伙企业的股东构成。

在前文中介绍合伙企业的基本特征时我们已经讲过,谁能成为合伙企业的 GP(即普通合伙人),谁就能够控制这家合伙企业。从图 2-7 中不难发现,藤青公司是这两家合伙企业共同的 GP。那么,藤青公司背后的股东又是何方神圣呢?我们从图 2-8 中就能找到答案。

从图 2-8 中可以看出,马化腾终于露出了"庐山真面目",出现在人们的视野中。他是藤青公司的控股大股东,出资 100 万元,占股 80%。

图 2-8 藤青公司的股权架构

(2)第二层级公司:深圳市腾讯睿见企业管理有限公司。

为了规避被投企业给母体公司带来的经营风险,马化腾在"腾讯系"投资主体公司深圳市腾讯睿投企业管理有限公司和其对外投资企业之间建立了一道防火墙。这道防火墙即深圳市腾讯睿见企业管理有限公司(注:注册资金为 1000 万元,以下简称"睿见公司"),起到阻断风险的作用。这样的设置就是典型的中间体公司的设计模式,常见于大型公司的组织架构中。这样的架构设计可以实现以下两个目的。

1)规避法律风险。一旦旗下的被投企业出了问题,睿见公司最多承担以注册资金为上限(即 1000 万元)的债务,不会牵扯到终极公司,即深圳市腾讯睿投企业管理有限公司。

2)有利于资本运作。马化腾可以利用这两家公司,灵活调节从被投企业获得的投资回报,使两个公司的利润保持一定的平衡。

(3)第三层级公司:三家主要的投资公司。

第一家:深圳市腾讯创业基地发展有限公司

该公司成立于2015年1月,注册资金为5000万元,截至2022年3月,对外投资已有76家企业,占股从0.9%到12.8%不等,但没有一家占股超过20%,这一点正好印证了前文曾提到过的"腾讯系"的投资风格,如图2-9所示。

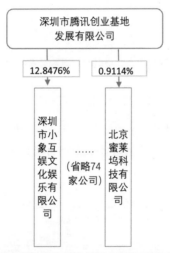

图2-9 深圳市腾讯创业基地发展有限公司的对外投资情况

第二家:深圳市企鹅金融科技有限公司

该公司成立于2014年6月,注册资金为4000万元,截至2022年3月只对外投资了一家公司。从公司名称来看,这家公司今后或许会被腾讯主要用于投资金融领域的企业,如图2-10所示。

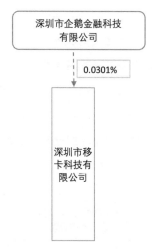

图 2-10 深圳市企鹅金融科技有限公司的对外投资情况

第三家：广西腾讯创业投资有限公司

该公司成立于 2020 年 1 月，注册资金为 3000 万元，截至 2022 年 3 月已投资了 112 家企业，在被投企业中的占股比例从 0.7769% 到 100% 不等，如图 2-11 所示。

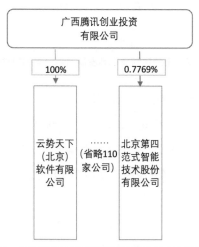

图 2-11 广西腾讯创业投资有限公司的对外投资情况

通过这个案例我们不难发现,马化腾只用了 100 万元,就成功地控制了万亿市值的"腾讯帝国"。相信大家也能从中体会到,巧妙运用有限合伙企业,可以实现"四两拨千斤"的奇妙效果。这个案例带给我们的启示主要有以下两点。

(1) 将运营公司与公司的核心资产企业隔离开。

从规避经营风险和税务筹划两个方面考量,应该在公司的核心资产企业与旗下的运营公司之间设立可以阻断风险的中间体公司,如案例中介绍的睿见公司。

(2) 用有限合伙企业取代自然人持股。

随着公司不断地发展壮大,以自然人持股,在掌握公司控制权和税收优惠政策方面,与以有限合伙企业持股相比,有着诸多劣势。

2.2.3 事业合伙的新模式:企业内部裂变创业

近几年,国内有些企业为了打破传统组织中僵化的层级体制,鼓励企业内部每一位员工发挥主动性和创造性,开展在企业内部裂变创业的尝试。在众多勇于挑战的企业中,芬尼克兹可以说是一家在此方面取得了令人瞩目的成绩的民营企业。

案例 2-14 内部裂变创业模式让老板变得"无事可做"

一、开展内部裂变创业的背景

芬尼克兹创立于 2000 年,创始人宗毅是一位不断进取、不断挑战自己的经营者。他创建的这家公司是一家做空气源热泵的传统企业。在前几年遇到了两个经营课题:一个是有能力的高管辞职后另立门户,生产与芬尼克兹相同的产品,成了市场上的竞争对手,使得公司业绩深受打击;另一个是公司无法持续创新。公司高管缺乏主人翁意识,在经费使用等方面欠缺成本意识。在这样的背景下，宗毅苦苦思考，希望找到一种可以激发全体员工的积极性、改变公司现状的模式。从最初的不断摸索试错，到最后成功地确立了独特的"内部裂变创业"模式，宗毅带领公司员工前后经历了三个阶段。通过他的实践，公司员工都把公司的发展当作自己的事业，不再需要管理层的监督和管理。公司管理者也可以从现场"解放"出来，去思考公司战略等方面重要的事情。宗毅本人也从此模式中受益匪浅，据说，他现在经常到全国商业演讲或考察观光。

第一阶段：宗毅推广内部裂变创业，初试成功。

在上述背景下，宗毅创造性地发明了"内部裂变创业"模式，做出了7个子公司，完美地解决了上述两个经营问题。

当把公司经营到一定程度时宗毅发现，有能力的员工想当老大，给多少钱都不可能留得住。面对这种情况，该怎么办呢？

宗毅之所以对此有"切肤之痛"，是因为他自己也是这样离开原公司的。他意识到只有在制度上创新才能破局。终于，他想出了一个方案：有能力的高管都想当老大，就成立新公司让他当老大，还投钱给他。

2006年，宗毅宣布要注册新公司，以此开展新业务。他游说了4个人投资，其中一个人投资10万元当了总经理，其他3个人每人投入5万元当了股东。

这种"高管共同出资持股"的模式，可以说是一种公司经营模式上的创新，即通过绑定高管和公司的利益，解决高管流失问题，调动高管的积极性。

任何新生事物一开始都不会轻易被人理解和接受。当时公司有6位高管，宗毅鼓励每人拿出10万~15万元入股。高管们都对此计划半信半疑，认为老板是想套住他们的资金。宗毅做了大量的沟通工作后，还是没有说通其中两位高管。

最后宗毅和合伙人加4位高管一共凑了60万元（其中宗毅和联合创

始人共出资 35 万元），正式启动了新公司。由此可见，**风险面前，只有老大率先做好表率，才能吸引高管们跟随。**

第一家公司的发展出乎大家的预料。一年后，公司赚了 100 万元。宗毅拿出 60 万元来分红。这只是第一年而已，后续一直有相当丰厚的红利回报。见此情景，两位没参与的高管后悔不已。

第一个内部创业样板成功后，不仅极大地增强了宗毅的自信心，更重要的是让宗毅得到了所有员工的信任。正是因为他舍得与员工分享利益，才能赢得广大员工的信任。

第二阶段："内部裂变创业"模式逐渐成熟。

公司不断发展壮大，已步入"快车道"。当注册第二家内部创业公司的时候，宗毅希望凑够 100 万元启动资金，结果一晚上员工就凑集了 200 多万元。有了成功的案例，员工们相信公司做得越大，盈利越多，自己赚得就越多。

在宗毅的"内部裂变创业"模式里，各位出资股东的股份分配并不是平均的。

宗毅规定，新公司总经理的持股比例必须在 10% 以上，母公司创始人（宗毅等）占 50%，剩下的 40% 为新公司的高管和员工持有，如图 2-12 所示。宗毅在公司内部裂变创立新公司，紧密绑定总经理与其他高管及员工，构成了利益共同体。

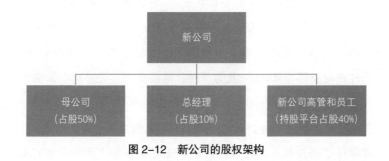

图 2-12 新公司的股权架构

关于新公司的决策机制，母公司两个创始人和新的总经理组成新公司的董事会，产生一个三人的决策机制，重大决策只需2∶1即可通过。这种决策机制确保了母公司对子公司的控制权。

另外，关于新公司的控制权及分配模式，宗毅也有自己独到的见解。他认为，大股东必须掌握公司的控制权，以便决策。所以，在股权分配上，大的股权份额必须相对集中在几个人的手中。而在利润分配上，利润的20%是新公司管理层分红，30%是母公司提留，50%按照股份比例提成。其中，管理层是指以新公司总经理为首的核心管理层，一般为2~3个人。

例如，2021年的利润达到了1000万元，管理层会得到200万元，总经理可能会从管理层分红中得到100万元。同时，他还会从股份分红中得到50万元，加起来一共可分得150万元。而创始人从新公司里得到的分红是125万元。

在这样的设计里，新公司总经理在新公司的收入比母公司（芬尼克兹）创始人的还要高。有了这样的激励机制，总经理会认为工作是给自己做的，积极性和主动性自然会提高。宗毅认为，让创业者做总经理，监管也变得没那么重要。所以，老板变得"无事可做"，他可以到处演讲、做商务考察。而新公司的总经理变成了最大的受益者，自然也会清正廉洁。

宗毅把这个游戏总结为："你在跟我赌，你要是输了，你会很惨，但我还是我。但你要是赢了，就会比我好。"怎么理解这句话呢？宗毅这样解释："这个公司败了，总经理的全部身家就没了，而我们只不过少个1/10而已。选择总经理也有一个标准，他要把自己的身家全部押进来，我们才可以把公司交给他。"换句话说，这就是个"金手铐"工程，把员工和企业的利益捆绑在一起，让二者的价值观趋于一致，最后实现共赢。

第三阶段：通过举办公司内部创业大赛来组建新公司。

在取得了阶段性成功之后，宗毅并没有在企业"内部裂变创业"模式之路上停下创新的脚步。

芬尼克兹之前的产品主要销往国外，2009年，宗毅想注册一个新公司，开拓中国这个最大的市场。

这个项目比较大，需要真正有创业精神和领导才能的人来做。宗毅认为不能再采用之前那样指定高管的方式，需要采用与以往不同的创新模式。于是，他在内部发起了名为**"如果我是总经理"**的创业大赛。连宗毅自己也没有想到，这个活动后来竟然风靡中国企业界，成了众多公司竞相模仿的模式。

宗毅制定的规则是这样的：所有员工都可以组建团队，参与"竞标"成立新公司，谁都有机会当选新公司的总经理。由于当时公司内已经有4个裂变式创业的成功案例，因此员工的参与积极性很高，短短一周就组建了13支团队。

离比赛正式开始还有一个多月时，一线的员工都已经按捺不住了。到底投谁？谁比较靠谱？钱会不会打水漂？各种讨论、调查在员工中或明或暗地展开。

如何保证评判的公正性呢？宗毅又创造性地想出了一个办法：**以人民币作为选票。**

选票上只有三行字：**你心目中的运营者、你的投资金额、你的签名。**真金白银，避免了徇私枉法和任人唯亲。由于自己投了钱，选民（投票者）就会考虑自己所投之人是否德才兼备，不会被轻易贿赂。当老员工看好一个项目，但深知自己能力不够时，唯一的办法就是把钱投给有能力的人，而自己则成为新公司的股东。因为是投了真金白银，所以在以后的工作中，老员工不仅不会压制新员工，还会给年轻人更多的支持，因为他们已经不知不觉地成了**利益共同体**，避免了企业转型时期公司内部发生大的斗争和动荡。这样一来，新公司的员工与管理者最终成了**命运共同体**。

资源提取码：**xhehuo**

拿钱投票谁会不谨慎呢？通过这种方式选出来的人才更德才兼备。同时，和职业经理人不同的是，这样选出来的总经理更能全身心地投入。

最终，这个项目的胜出者拿到了员工投出的750万元，其中胜出者自己投了150万元，母公司创始人跟投了750万元。

从第一个新公司开始，**宗毅就一直坚持这项原则：每个项目启动时，员工出多少，宗毅和他的合伙人就跟多少。**

这样一来，竞选者已经不是普通公司的职业经理人角色，而是创业公司的总经理候选人，而且自己必须投资，且几乎是自己的全部积蓄。当然，公司从来没有要求投资人必须从家里拿50万元，如果想当总经理，完全可以想办法借。借不到怎么办？在宗毅及其管理层看来，借不到说明投资人没有诚信，人品一般。这样的人自然没资格做总经理，因为融资能力也是总经理必备的一项技能。

正式竞赛开始之前，大家都在抢能力强的人，所以他们就面临着抉择——在强队里有可能争不到发言的机会，在弱队里还可以表现一下，而这次的表现可以为下次的竞选做铺垫。

有些优秀的人可能在竞赛开始不久就会被淘汰，因为整个团队不够好。这样一来，冠军队的实力也未必最强。所以，宗毅推出了"换血制"。所谓"换血制"，就是指所有进入决赛的队伍，必须从自己的6名队员中淘汰2人，再从输掉的队伍中吸收4人，最终8人组队进入决赛。这个过程首先考验总经理候选人是否下得了手，其次考验他能否迅速识别并争抢到优秀人才。这种"换血组队"模式又是一种创新。

比赛的过程也是一个学习的过程。比赛能让销售能人和技术能人学习财务知识，只有通过了财务总监的审核，团队才有可能上台展示。比赛还能培养参赛人的讲演技能，在这个时代，没有口才的总经理是不称职的。

对于公司来说，通过裂变创业比赛，最重要的是创造了一种文化和信念。

宗毅认为，"选举"是裂变式创业的灵魂，也是一种创新。**裂变式创业的关键不在"裂变"二字上，而在"选举"上**。因为选举，公司出现种种变化。

通过选举的方式推广内部创业，给宗毅带来了两大益处。

第一，为母公司创始人提供了辨别公司内部人才能力和特长的机会。例如，在"选举"的一个月里，宗毅一般不会离开公司。首先，他会观察很多事情，如观察哪些人会站出来主动组织团队，这批人会首先得到提拔；其次，他会观察哪些人被大家抢，那么这个人一定是人才；最后，宗毅还会看"队长"组队的能力。如果这个人首先聚集了一批优秀的人才，那么这个人在以后的提拔中也会被优先考虑。

第二，提高了公司"新陈代谢"的能力，为更多的年轻员工提供了施展才能和提升职位的空间。具体来说，随着优秀团队分离出去创业，也给"剩下"的年轻人提供了更广阔的晋升空间，年轻的员工在芬尼克兹获得升职的速度加快，从而吸引了更多的优秀人才加入。

截至2021年，芬尼克兹集团用这种方式裂变出了7个新公司。这个数字还不包括其他规模太小或关系没有彻底独立的项目。其中，公司年销售收入高的有5000多万元，利润有700多万元，但公司成立之时的投入只有100多万元。第一个项目的启动资金是60万元，现在平均每年的销售收入为4000多万元，利润为400多万元。

据宗毅讲，通过这种机制成立的新公司，目前没有完全失败的案例，表现最差的一个公司年回报率约70%。母公司芬尼克兹2019年销售额为8.22亿元，利润为5000多万元。

这样的业绩，足以证明宗毅发明的内部裂变创业模式取得了成功。

二、这种"裂变"模式是否可以复制？

答案是肯定的。那么，如何才能复制裂变式创业的模式呢？在宗毅看来,进行企业内部裂变式创业,必须满足几个前提条件。

第一,企业的财务必须公开透明。

因为涉及的股东较多,如果企业(包括母公司和子公司)偷税漏税,那么当股东面临利益分配不均时,有可能会被举报。所以对于企业的财务状况,应做到公开、透明。

第二,在企业里要有成功先例,即群众的支持基础。

员工是否已经通过这种模式尝到了"甜头",首先要看员工对公司赚钱是不是有信心,如果没有信心,就说明缺乏群众基础。事实上,在做这个互联网转型的项目之前,宗毅曾通过员工持股的方式创建了4家子公司,员工获得了实实在在且不菲的经济回报。很多人得知这次成立新公司的消息时,都跃跃欲试。

第三,选举。

创业的带头人,即新公司的总经理是如何选出来的呢?

在宗毅看来,**创业要想成功,最重要的要求就是选对人**。同时,企业还要具备良好的人才基础。在高校招聘的时候,芬尼克兹对于创业带头人的筛选比例就达到了1000∶1。

复制学习的最大难点,在于转型过程中的领导力。管理者自身不愿意放手、不能让带头人自主决策,这些才是组织面临的最大挑战。宗毅坦言,自己开创的内部裂变创业模式虽然取得了阶段性成功,但还处于进行时状态,需要不断地改进和创新,才能使组织保持活力。

宗毅在芬尼克兹推行的内部裂变创业模式,是对企业经营管理模式、发挥员工主动性和创造性方面的一种创新,并取得了可以通过一些经营指标进行量化的成功。在笔者看来,实行这种模式存在以下优势和局限性。

1. 优势

此模式展现出来的最大优势在于,以新项目、新业务创立新公司的形式,把以往与公司仅仅是雇佣关系的员工,转变成了持有新公司股权的"事业合伙人"。这样一来,便极大地提高了后者的主人翁意识,使其具有了"人人成为 CEO"的心态,激发出了员工对工作的主动性和创造性,从而实现高收益的组织目标。

2. 局限性

(1)先选项目后成立公司的局限性。

由于新项目都是由母公司创始人从众多候选项目中,根据项目的收益性、风险性等因素综合考量后决定的,而新项目的实际运营者(即新公司的总经理及员工)在此阶段并没有机会参与评估、选择项目,这导致了后者在新项目的选择方面缺乏话语权。

(2)母公司在新公司中占股过大。

在新公司中,母公司通常占股达 50%。虽然有创始人宗毅对新公司"保驾护航"的考虑,但总经理仅仅持有 10% 的股权,估计会出现这样的局面:一方面,总经理在经营现场负责新公司的日常经营,而其对新公司的经营决策的影响力却十分有限;另一方面,不负责实际经营的母公司创始人,对新公司有着最大的话语权,最终导致无法实现"让听得到炮声的人指挥"的理想经营状态。

这一点从新公司董事会的构成中也可以得到印证。在新公司中,母公司创始人有两位,加上新公司总经理一位,构成了 2∶1 的 3 人董事会。从理论上讲,在新公司董事会审议任何重大事项时,母公司都可以完全控制董事会,做出有利于母公司的决策。

2.3 股东合伙

本书中提到的股东合伙是指在工商局登记注册的股东之间构成的合伙模式。由于这种模式的合伙关系是由实股股东（即注册股东）构成的，因此合伙人之间的关系最为紧密，是所有合伙模式中的最高阶段，而维系股东之间利益的纽带是股权。

笔者在访谈了多位公司经营者后发现，在股东合伙方面，以下三个问题是大多数经营者相对最关心的，即股权架构设计的合理性问题、如何掌握公司控制权问题及股东的股权转让退出问题。接下来笔者将分别详细地进行讲解。

2.3.1 股权架构设计的合理性问题

股权架构的合理性问题，主要包括以下三个方面。

第一，股东的持股形式。例如，以法人公司持股，以合伙企业或自然人持股等不同形式。

第二，股东的持股比例。例如，绝对控制权（67%）、相对控制权（51%）、一票否决权（34%）等。

第三，公司实际控制人的设置。例如，通过股份代持、股份穿透等方式设置。

其中，股东的持股比例是上述三个问题当中最重要，也是最容易出问题的部分。股东之间的股权分配方案如果设计合理，将为公司经营打下良好的基础，各股东将齐心协力，合作共赢；相反，如果设计有缺陷，股东之间就会容易产生误解、纠纷，影响公司的正常发展，严重的话甚至可能导致散伙、公司倒闭。这些都是股东们不愿看到的"噩梦"。

关于股东的持股比例，常见的不合理的分配比例有以下几种。

1. 公司的最大贡献者不是公司控股股东

原则上，公司的最大贡献者应该是公司的控股股东，持股比例要大于51%，即至少拥有对公司的相对控制权。需要特别注意的是，并非出资最多的股东就一定要成为控股股东。

所谓的公司的最大贡献者分为几种情况：有强大的IP、可以为公司营收带来决定性影响的股东（如樊登读书会的创始人樊登）；对公司的经营有着重要的、支配性的影响力的股东（如小米集团的创始人雷军）；拥有特定资源、销售渠道的关键股东（如医疗器械公司中掌控医院渠道资源等B端渠道的股东）。

2. 股权平均分配

若均等划分股权，如50%-50%、34%-33%-33%，当股东之间意见不一致时，很容易由于所持股权比例相同，各不相让、互相掣肘而导致很难形成一致意见，从而降低公司做出决策的效率。

3. 小股东当道

如果小股东与大股东的经营理念、价值观或决策标准不同，那么当小股东对大股东的提案持反对意见时，即便他仅持有少量股份（如4%），只要他拒绝在公司一些重要文件（如股东的入伙和退出及股东的股权转让等协议）上签字，也会导致上述协议无法成立。所以，公司在引进实股股东时，哪怕是只给予1%的微小股份，也需要慎重对待。

4. 小股东持股比例相同

两个各持股占24%的小股东联合起来，持股合计将达到48%，超过了对董事会决议可以行使一票否决权的34%这个界限，这将对公司的控股股东（占股52%）形成"潜在的威胁"。如果这两位小股东与控股股东志同道合、齐心协力，那么股东之间还可以相安无事，公司仍可以顺利运营；相反，如果出现"小股东当道"的情况，那么公司经营将陷入不稳定的局面。

5. 小股东股份超过警戒线

根据《公司法》的规定，公司股东持股超过10%，就可以申请解散公司（提出质询、调查、起诉清算、解散公司）。所以，在类似52%-34%-14%的股权架构中，小股东拥有14%的股权并不合理。

案例2-15 "网红"因股权问题起诉MCN公司

"网红"L小姐在国内外各大互联网视频平台传播中国传统美食文化，深受全球大众喜爱，据说她全网拥有近一亿的"粉丝"。最近，L小姐起诉了之前一直与她合作的MCN公司——H公司，起诉缘由是双方因股权问题导致的纠纷。本应该是合作共赢的"网红"和MCN，为何会走到反目成仇的境地呢？从双方"一见钟情"，到"对簿公堂"的经过，笔者按照时间轴，划分为下面三个阶段。

第一阶段："网红"与MCN公司"一见钟情"，达成深度捆绑的合作。

H公司看好L小姐的发展潜质和影响力，在L走红之前，双方达成合作意向，并签约成立了一家合资公司。其中，H公司占股51%，成为新公司的控股股东，负责帮助L打造影响力，在全网推广L的视频作品；L占股49%，并担任新公司的法人代表，主要负责视频作品的选题、内容制作。新公司股东架构情况如图2-13所示。

从图2-13中我们不难看出，作为新公司的最大贡献者，即拥有超级IP、在全网拥有近亿"粉丝"的L小姐，虽然是法人代表，但并非新公司的控股股东。前文中笔者曾提到，这种股权结构是一种典型的股权设计不合理的情况，这也为双方后来的纠纷埋下了伏笔。

图 2-13　合资新公司的股东架构

第二阶段：H 公司利用 L 小姐的 IP 赚得盆满钵满，但后者并没有从中受益。

随着 L 小姐的"粉丝"不断增多，其 IP 的影响力也日渐强大，随之而来的是 L 的商业价值也日益变大。把这一切都看在眼里的 H 公司觉得，利用 L 的 IP 实现商业变现已是"水到渠成"的事情。于是，H 公司以自身为主体，不断引进外部投资机构，同时，H 公司创始人 W 也在其中持股达 13%。在经历了多轮融资之后，H 公司估值已达 50 亿元，股东总数居然有 22 家之多（多是有限合伙企业等法人股东），如图 2-14 所示。不过，令人费解的是，在 H 公司的所有股东当中，竟然没有为其带来巨大商业价值的 L 小姐。换句话讲，H 公司产生的任何收益，均与 L 无关。例如，H 公司以 L 的 IP（商标）在淘宝、天猫等平台开设网店，销售食品等商品，2020 年仅电商销售额就高达 13 亿元。这个项目带来的收益，竟然与之最大的贡献者 L 小姐没有一点关系。而 L 所能得到的收益，仅仅是 H 公司支付给×××文化有限责任公司（即 L 与 H 公司的合资公司，L 是其法人代表）的 L 的 IP 版权使用费。至于支付的金额是否合理，除了当事人之外，大家不得而知。后来 L 小姐发现 H 公司的这种架构对自己极其不利，最终选择付诸法律来解决问题。

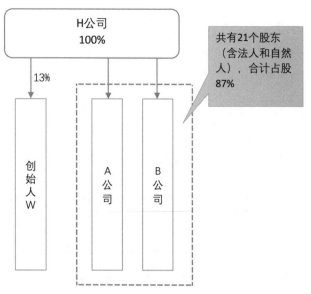

图 2-14　H 公司的股东构成及持股比例

第三阶段：L 小姐与 H 公司多次交涉无果，最终对簿公堂。

当 L 小姐逐渐认清 H 公司（主要是其实控人 W）想通过自己的 IP，实现商业变现，然后引进资本，做大公司估值后 IPO 上市，最终达到 H 公司股东的利益最大化，而 H 公司的股东里居然没有自己时，便开始与 H 公司进行交涉，试图维护自己的正当权益。虽然具体的交涉内容没有对外公开，但从整个事件的发展脉络中可以推测出，L 主要是希望保持自己 IP 的独立性（即该 IP 归于 L 名下），以及获得 H 公司相应的股份。公开消息显示，双方进行了多次交涉，但始终未能达成一致。2021 年 11 月初，L 小姐在当地法院起诉了 H 公司，起诉原因是与 H 公司存在股权纠纷。截至 2022 年 1 月底，此案件已被受理，仍在审理中。

不管此案件的最终判决结果如何，可以肯定的是，它将为今后中国"网红"与 MCN 公司之间的合作模式及利益分配方式定下基调。从这一点来看，这个案件在中国自媒体发展史上，或许会成为一个里程碑事件。

2.3.2　取得公司控制权的六种方式

京东集团的创始人刘强东曾经说过，如果他不能得到京东的控制权，**那么他宁可把它卖掉**。由此可见，掌握公司的控制权，对于公司的创始人及管理团队而言是何等重要。我们所熟知的国内一些大企业，如阿里巴巴、华为、京东等，它们的创始人并非持有公司股权最多的大股东，但他们能牢牢地掌控公司的控制权。大家可能不禁会问，他们是通过什么方式实现以小股东身份控制公司的呢？一般来讲，掌控公司控制权的方式有以下六种。

一、一致行动人协议

一致行动人协议，是指公司某些股东同意就特定事项采取一致行动，并通过协议对此做出明确的约定。例如，创始股东之间、创始股东和投资人之间，可以通过签署一致行动人协议的方式，加大创始股东在公司重要决议等事项上的投票权和表决权权重。

一致行动人协议的内容通常体现为一致行动人同意在其作为公司股东期间，在行使表决权、提案权等股东权力时做出相同的意思表示，以其中一方的意见作为一致行动的意见，以巩固该方在公司的控制地位。

一致行动人协议除了可以约定相关股东在股东大会及董事会的重要事项上，通过投票权和表决权采取一致行动之外，还能约定一致行动人股东是否可以转让自身直接或间接所持的股份，以及是否可以委托第三方代持其股份等事项。

我国对上市公司在一致行动人方面有着明确的规定。根据《上市公司收购管理办法（2014年修订）》（以下简称"管理办法"）第八十三条的规定，一致行动是指投资者通过协议、其他安排，与其他投资者共同扩大其所能够支配的一个上市公司股份表决权数量的行为或者事实。在上市公司的收购及相关股份权益变动活动中有一致行动情形的投资者，互为一致行动人。

除去通过签订一致行动协议或其他安排形成一致行动外，管理办法还规定了以下12种认定一致行动人的情形。

1. 投资者之间有股权控制关系。例如，投资者A是投资者B的控股股东，A和B则构成一致行动人。

2. 投资者受同一主体控制。例如：投资者A与投资者B有同一控股股东C，A、B、C则均构成一致行动人。

3. 投资者的董事、监事或者高级管理人员中的主要成员，同时在另一个投资者担任董事、监事或者高级管理人员。例如，A担任投资者B的监事，同时担任投资者C的执行董事，B和C则构成一致行动人。

4. 投资者参股另一投资者，可以对参股公司的重大决策产生重大影响。例如，投资者A参股投资者B，且A通过一致行动协议、董事会席位等安排，足以控制投资者B的重大决策，A和B则构成一致行动人。

5. 银行以外的其他法人、其他组织和自然人为投资者取得相关股份提供融资安排。例如，A为投资者B收购投资者C名下的上市公司的股份提供了融资安排，A和B则构成一致行动人。

6. 投资者之间存在合伙、合作、联营等其他经济利益关系。例如，投资者A和投资者B共同投资某未上市制药公司，A和B则构成一致行动人。

7. 持有投资者30%以上股份的自然人，与投资者持有同一上市公司股份。例如，自然人A持有投资者B 40%的股份，且A和B持有同一上市公司的股份，A和B则构成一致行动人。

8. 在投资者任职的董事、监事及高级管理人员，与投资者持有同一上市公司股份。例如，自然人A担任投资者B的总经理，且A和B都持有同一上市公司的股份，则 A 和 B 构成一致行动人。

9. 持有投资者 30% 以上股份的自然人和在投资者任职的董事、监事及高级管理人员，其父母、配偶、子女及其配偶、配偶的父母、兄弟姐妹及其配偶、配偶的兄弟姐妹及其配偶等亲属，与投资者持有同一上市公司股份。例如，投资者 A（自然人）和投资者 B 持有同一上市公司的股份，在 A 之配偶担任 B 的总经理，或 A 之配偶持有 B 31% 的股份的情况下，A 和 B 则构成一致行动人。

10. 在上市公司任职的董事、监事、高级管理人员及其前项所述亲属同时持有本公司股份的，或者与其自己或者其前项所述亲属直接或者间接控制的企业同时持有本公司股份。例如，A 担任某上市公司的监事，其配偶的母亲 B 持有该上市公司的股份；或 A 控制的另外一家企业 C 持有该上市公司的股份，则 A 和 B、B 和 C 构成一致行动人。

11. 上市公司董事、监事、高级管理人员和员工与其所控制或者委托的法人或者其他组织持有本公司股份。例如，A 担任某上市公司的董事，A 直接或间接控制企业 B，A 和 B 共同持有前述上市公司的股份，则 A 和 B 构成一致行动人。

12. 投资者之间具有其他关联关系。

一致行动人合计股份的计算标准

对于一致行动人，应当合并计算其所持有的股份。投资者计算其所持有的股份，应当既包括登记在其名下的股份，也包括登记在其一致行动人名下的股份。投资者认为其与他人不应被视为一致行动人的，可以向中国证监会提供相反证据。

一致行动人协议（样本）

甲方：____，国籍：中国，居民身份证号_____，住所地____。

乙方：____，国籍：中国，居民身份证号_____，住所地____。

（甲方、乙方以下或合称各方）

鉴于：甲方持有××科技股份有限公司（下称公司）＿＿＿＿＿万股，占公司＿＿＿＿＿%的股份，甲方现任公司董事、董事长；乙方持有公司＿＿＿＿＿万股，占公司＿＿＿＿＿%的股份，现任公司董事、总经理、董事会秘书。为了保持公司控制权的稳定，确保公司具有持续发展、持续盈利的能力，经友好协商，各方签署本协议。

第一条　各方确认事项

1. 各方确认保持各方行动的一致性，确保公司的持续、稳定、健康发展。

2. 今后各方共同努力确保公司治理结构健全、运行规范良好，保证各方一致行动的情况不违反国家法律法规，不影响公司治理和规范运作。

第二条　关于公司重大事项的一致行动

1. 各方的一致行动包括但不限于：

（1）提名公司董事、非职工监事候选人；

（2）向公司股东大会、董事会提出议案；

（3）行使公司股东大会、董事会表决权。

2. 如任何一方拟就有关公司经营发展的重大事项向股东大会或董事会提出议案时，须事先与另一方充分沟通协商，在取得一致意见后向公司股东大会或董事会提出议案。

3. 各方须先行协商并统一意见，在形成统一意思表示的基础上，各方方可在公司股东大会、董事会会议上发表意见并行使表决权。

4. 在股东大会、董事会就审议事项表决时，各方应根据事先协商确定的一致意见对议案进行一致性投票，或将所持有的表决权在不作具体投票指示的前提下，委托给协议对方进行投票。如果各方进行充分沟通协商后，对有关重大事项行使何种表决权达不成一致意见，则乙方应当依据甲方的投票意向行使表决权。

第三条　关于各方所持公司股份的一致行动

1. 任何一方未经对方的书面同意，不得向第三方转让其直接或者间接所持公司股份；任何一方所持公司股份不得通过协议、授权或其他约定委托他人代为持有。

2. 在不违反法律法规规定的禁售期、各方出具的股份锁定承诺及本协议相关约定的情况下，各方在对其所持有的公司股份进行任何转让、质押等处分行为或在公司增资、减资时，应事先相互协商并保持一致意见和行动。

第四条　其他

1. 本协议自甲乙双方签字、盖章之日起，发生法律效力。任何一方不得退出本协议，且不得辞去担任公司董事、经理职务。

2. 本协议有效期为三年。在不违反国家法律、法规强制性规定的情况下，经各方协商一致，可以延长有效期。

3. 本协议一式两份，各方各持一份，两份具有同等法律效力。

（本页无正文，为甲方、乙方一致行动协议书签署页）

甲方：

　　　　　　　　　　　　　　　　　年　　月　　日

乙方：

　　　　　　　　　　　　　　　　　年　　月　　日

签署地点：本协议签署于××科技股份有限公司会议室

二、投票权委托

投票权委托是指公司部分股东通过协议约定，将其投票权委托给其他特定股东（如创始股东或其团队）行使的情形。下文中提到的京东投票权委托案例就是此方面的代表性案例。

案例2-16　京东在美股市场的投票权委托

2014年5月，中国自营式电商企业巨头京东成功在美国纳斯达克证券交易所正式挂牌上市。在上市之前，刘强东团队持有京东23%的股份，并通过与其他股东的投票权委托协议，一共获得了56%的投票权。在上市之后，刘强东团队持有的股权比例虽然减少到20%，但其投票权比例不降反升，合计扩大到了83.7%，掌握了对公司的绝对控制权。京东的股权和投票权比例上市前后的变化如表2-24所示。

京东的公开资料显示，截至2020年2月29日，京东创始人刘强东在其美国上市公司中直接持股为15.1%，而其通过与其他股东的投票权委托协议，一共持有78.5%的投票权，仍旧牢牢地掌握着对京东的绝对控制权。而作为京东第一大股东的腾讯持有17.8%的股权，却仅仅拥有4.6%的投票权。从这一安排不难看出，腾讯入股京东从一开始就未曾谋求对它的控制权，更多的是扮演战略投资者和财务投资者的角色。

表2-24 京东上市前后的股权和投票权比例变化

股东	2014年上市前股权比例	2014年上市前投票权比例	2014年上市后股权比例	2014年上市后投票权比例
刘强东团队	23%	56%	20%	83.7%
老虎基金	22%	18%	16%	3.2%
腾讯	17%	14%	18%	3.7%
高瓴资本	16%	13%	11%	2.3%
俄罗斯DST	11%	9%	8%	1.6%
今日资本	9%	8%	7.8%	1.4%
红杉资本	2%	2%	1%	0.3%

腾讯与刘强东在美上市公司的股权及投票权比例如表2-25所示。

表2-25 腾讯与刘强东在美上市公司的股权比例和投票权比例

腾讯VS刘强东	
股权比例	17.8% VS 15.1%
投票权比例	4.6% VS 78.5%

投票权委托协议（样本）

甲方（受托方）：

住所：

联系方式：

身份证号：

乙方（委托方）：

住所：

联系方式：

身份证号：

鉴于：

甲方、乙方均为_____公司（以下简称"公司"）的股东，其持股比例分别为_____%、_____%；为凸显甲方作为标的公司控股股东的地位，各方根据现行法律法规的规定，本着自愿公平、协商一致的原则签订如下《投票权委托协议》（以下简称"本协议"），以资信守。

1. 乙方同意，在处理有关标的公司经营发展且根据《公司法》等有关法律法规和《公司章程》需要由公司股东会作出决议的事项时，在此不可撤销的均委托授权甲方行使表决权；

2. 采取投票权委托的方式为：就有关标的公司经营发展的上述事项在相关股东会上行使表决权时，乙方均委托授权甲方行使乙方的表决权；

3. 本协议其他未尽事宜，由各方签订书面的补充协议或协商解决；

4. 本协议自签署之日起生效，本协议长期有效。

甲方（签章）：　　　　　　　　乙方（签章）：

　年　月　日　　　　　　　　　　年　月　日

三、AB 股架构

AB 股架构，顾名思义，就是公司股权中同时存在 A 类股和 B 类股两种股票类型。它们在相同的股权份数下，代表着不同的表决权，即通常所说的"同股不同（表决）权"的架构。通常，1 股 A 类股代表着 1 份表决权，而 1 股 B 类股的表决权相当于 N 倍 A 类股的表决权（N 倍可以是 10 倍、20 倍、50 倍等不同倍数）。

A 类股一般由普通公众及外部投资人持有，而 B 类股多由公司创始人（或创始团队及管理团队）持有。B 类股可以转换为 A 类股，而 A 类股不能转换为 B 类股。

案例 2-17　小米成为首家以 AB 股架构在港交所上市的公司

小米官网等公开信息显示，2018 年 7 月 9 日，小米成功在香港证券交易所上市，成为该股市有史以来第一家以 AB 股架构上市的企业。

根据小米赴港上市的招股说明书，笔者发现，小米十大股东名单中，小米创始人雷军以占股 31.41% 成为第一大股东，同时拥有 A 类股和 B 类股（1 股 B 类股的投票权＝20 股 A 类股的投票权）。雷军所拥有的投票权高达 55.7%，而表决权也超过了 50%。小米另外一位联合创始人林斌占股虽然只有 13.33%，但他也同时拥有 A 类股和 B 类股，其中，拥有 30% 的表决权。简单计算后不难发现，雷军和林斌两人所拥有的表决权，已经远远超出了掌控公司绝对控制权所需要的 67%。换句话说，小米的任何重大决策都牢牢地掌控在以这两位创始人为首的创始团队手中。

小米上市时主要股东的持股比例如图 2-15 所示。

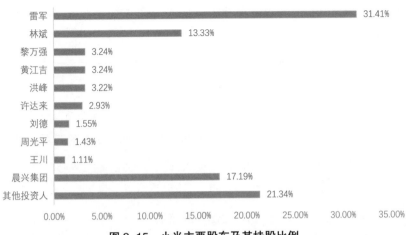

图 2-15 小米主要股东及其持股比例

AB 股架构在境内外的科技类公司中应用得比较普遍,包括谷歌、脸书、京东、百度等大型公司。这种架构其实是一把"双刃剑",用好了可以助力创始人或其团队掌控公司经营,而不必受外界干扰,特别是外部投资人的干涉;如果用不好,即当创始人或其团队出现重大经营决策失误等问题时,其他股东由于表决权上的劣势,无法纠正或阻止事态发展,可能会导致公司陷入经营失控的不利局面。

四、金字塔股权架构

金字塔股权架构是指公司实控人或其团队,通过搭建像金字塔一样的多层公司股权架构,以较少的现金流权,控制远超自身资金规模的公司的模式。那么,什么是现金流权呢?现金流权是指公司股东按照持股比例拥有的该公司的财产分红权。

案例 2-18　张三仅用 133 万元,控股一家注册资金达 1000 万元的公司

张三想成立一家甲公司,注册资金为 1000 万元。张三如果想用三层公司股权架构（金字塔股权架构），控股甲公司51%的股权，他需要出资多少钱呢？

正常情况下，如果仅仅是一层公司股权架构，张三需要出资510万元（1000万元×51%）才能控股甲公司，即取得公司相对控制权——持股51%。但如果采用金字塔股权架构，那么他只需要出资132.7万元（1000万元×51%×51%×51%）即可实现这一目的。张三的三层公司股权架构如图2-16所示。

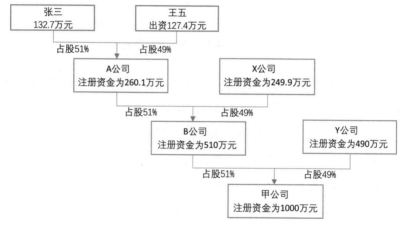

图2-16 张三通过金字塔股权架构控股甲公司

大家可能会问，张三在此案例中一共获得了多少现金流权呢？

答案是，张三获得的现金流权=51%×51%×51%=13.27%，即张三拥有甲公司13.27%的股权及与之比例相同的分红权。

从此案例中不难看出，金字塔股权架构能够帮助公司实控人以较少资金，控制较大资金体量的公司，具有"四两拨千斤"的妙处。

五、有限合伙企业

通过有限合伙企业来控股一家公司，是一种比较常见的掌握公司控制权的手法。

案例2-13介绍了马化腾仅用100万元掌控腾讯"万亿帝国"的手法。在该案例中,马化腾就运用了两家有限合伙企业(即"藤绿"和"藤远"),100%控股了腾讯系实体公司"睿投"。

运用有限合伙企业来控股一家公司,有以下两点好处。

(1)有限合伙企业的股东变更灵活,不必做变更登记。

比起公司制企业,如有限公司,有限合伙企业股东的进入和退出手续简单,不必每次股东变更时,都到工商局做变更登记手续。

(2)以有限合伙企业做股东比自然人股东更具隐秘性。

《公司法》规定,有限公司的股东必须公开其个人信息、财务数据等敏感信息。如果是以自然人股东在该公司持股,就会有诸多不便之处。而以有限合伙企业做股东,则可以不必公开该公司背后实控人的相关个人信息及财务信息。

六、公司章程

公司章程是一家公司的"宪法",对公司经营中包括人、财、物等几乎所有的重要事项都做出了约定,因此,其作用与地位非常重要。大股东可以在公司章程中约定以下条款来掌控公司的控制权。

1. 股东持股比例可与出资比例不同

原则上,股东持股比例与出资比例通常是一致的,但有限责任公司的全体股东内部也可以约定不按照实际出资比例来分配股权,这种约定并不影响公司资本对公司债权担保等对外的基本功能的实现。只要此约定是公司股东的真实意思的体现,且不损害任何外部第三方的权益,不违反我国相关法律法规的规定,都应属有效。股东按照约定持有的公司股权,理应受到国家法律的保护。

在商业实操中,大股东可以约定股东所持股权比例由资金股+人力股合计构成。他可以通过以较少出资取得的股权(资金股),加上以自己参与经营管理等获得的股权(人力股),以两者合计的持股比例实现对公司的控制权。

2. 表决权可与出资比例不同

一般来讲,表决权原则上也应与出资比例一致。《公司法》第四十二条对此有明确的规定,股东会会议由股东按照出资比例行使表决权;但是,公司章程另有规定的除外。表决权与出资比例不同的情况,一种是创始人直接在章程中约定股权及表决权的具体比例,比如创始人持股30%,但表决权为68%;另一种是,公司创始人或创始团队运用像阿里巴巴的"表决权约束协议"或京东的"投票权委托协议"等模式,设计"同股不同权"的架构,以较少股权从其他股东处获得投票权及表决权委托,从而实现对公司董事会及股东大会的控制。

3. 分红比例、认缴公司新增资本比例可与出资比例不同

《公司法》第三十四条规定,股东按照实缴的出资比例分取红利;公司新增资本时,股东有权优先按照实缴的出资比例认缴出资。但是,全体股东约定不按照出资比例分取红利或者不按照出资比例优先认缴出资的除外。

在公司的运营实操当中,大股东可以采用同股不同权的设计,比如实际持股68%,但分红权占35%,把两者差额部分作为员工激励制度的原资,奖励那些为公司发展做出贡献的优秀员工。公司要想留住优秀人才,老板就必须要"舍得分钱"!大股东(公司实控人)的心胸、格局对公司发展起着非常重要的作用。

综上所述，笔者强烈建议各位企业经营者，认真对待自己公司的章程，最好不要图省事直接套用章程模板，而是要根据自身情况，在擅长于此的专业律师的帮助下，量身定做自己公司的章程。

4. 控制董事会

控制董事会是指公司实控人或其团队通过控制董事会过半数席位的方式，取得董事会对于公司重大决议的决策权，从而掌控公司股权控制权的运作方式。

阿里巴巴在控制董事会方面就提供了一个成功案例。笔者之前在介绍阿里巴巴的合伙人制度时，就曾提过马云与其创始团队设计出了一种独特的合伙人制度，他们通过它来掌控整个阿里集团的运营，包括对董事会的控制。

阿里的招股书显示，上市公司董事会共有 9 名董事成员，阿里合伙人有权提名简单多数（即 5 人）。请注意，阿里虽然从一开始就拥有了提名超过半数董事会席位的权力，但关键问题是如何让自己提名的董事当选。另外，有人可能会问，如果阿里之外的其他董事拥有一票否决权，在公司的重要决议上，跟阿里团队"唱反调"那该怎么办呢？对此阿里早已有解决方案，那就是通过与其他股东事先达成某种一致协议，来确保阿里团队在董事会有绝对的决策权和控制权。

具体来讲，如果软银持有阿里 15% 以上的股份（2014 年实际持有 34% 左右），软银则有权提名 1 名董事，其余 3 名董事由董事会提名委员会提名，上述提名董事将在股东大会上由简单多数选举产生。根据前述表决权拘束协议，阿里合伙人、软银和雅虎将在股东大会上以投票互相支持的方式，确保阿里合伙人不仅能够控制董事会，而且能够基本控制股东大会的投票结果。

2.3.3 股东的股权转让和退出问题

多数公司的成立可能属于这种情况：志同道合的几位股东为了实现共同的梦想走到了一起，埋头苦干，憧憬着未来的成功。但现实社会中充满了各种不确定性，这也就决定了能够走到最后，实现成功梦想的公司少之又少。在公司经营的过程中，由于各种各样的问题，导致股东最后分道扬镳的案例比比皆是。笔者真心希望因梦想和缘分而聚在一起的股东们，能够"好聚好散"，做到"聚是一团火，散是满天星"。

但现实中，很多股东在"分手"时，不仅形同陌路，甚至反目成仇，对簿公堂。所以，笔者建议在创立公司之初，创始人（大股东）一定要花精力，认真做好股东合伙协议，特别是对股东的入伙和退出事项，要做出明确且可执行的约定。否则，在未来的公司运营中，也许会面临意想不到的陷阱。

案例 2-19　股东未届出资期限而转让公司股权的，对公司债务承担连带责任

2017年5~6月，青岛××公司（供方）与常州××机械制造有限公司（需方）签订了两份机器设备购销合同。常州××公司支付了定金，青岛××公司将设备安排托运，常州××公司于当年7月接收设备后，青岛××公司安排人员对设备进行了安装、调试。

2017年9月29日，常州××公司的股东周某某、庄某某、通×公司、常州市××电梯部件制造有限公司，分别将各自在常州××公司的全部认缴出资额90万元、60万元、90万元、60万元（出资均未实缴）无偿转让给了许某某，许某某成了常州××公司的唯一股东和法定代表人，常州××公司变更为自然人独资的有限责任公司，如图2-17所示。

同年11月6日，常州××公司注册资本由300万元增加至1000万元。2018年5月15日，许某某申请注销常州××公司，常州市武进区行政

审批局于 2019 年 7 月 3 日对该公司予以注销。截至青岛××公司起诉，常州××公司尚欠设备款 245360 元未付。

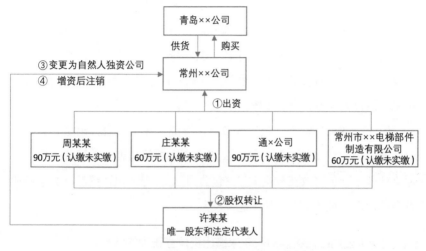

图 2-17　股东出资认缴未实缴时的股权转让

法院判决：

当地人民法院判令许某某向青岛××公司支付设备款及违约金共计 355932.8 元，通×公司在 90 万元范围内承担连带清偿责任，周某某在 90 万元范围内承担连带清偿责任。

一审宣判后，许某某、通×公司、周某某以设备存在质量问题，故许某某无须支付货款及违约金，通×公司、周某某以股权转让之时出资并未到期等为由提起上诉，青岛中院驳回上诉，维持原判。

由于此案中出现的股东出资认缴但未实缴，在出资期限内转让股权后，公司经营出现问题时，原股东被索赔的情况具备一定的普遍性，因而此案被最高人民法院列为 2020 年全国法院十大商事案例之一。

针对此案例，笔者总结如下。

（1）公司经营者需对资本认缴制建立正确的认识。

资本认缴制是 2013 年《公司法》修正的重大改革，修订后的《公司法》取消了最低注册资本的限制，改实缴制为认缴制。但这一改革并不意味着股东从此对注册资本的认缴和履行可以随心所欲、为所欲为，甚至作为自己"空手套白狼"的手段。公司资本制度的设计，在宏观上则涉及国家、地区的投资政策，事关公共利益目标；在微观上则涉及公司、股东、债权人等多方利益主体。

因此，如果将资本认缴制改革等同于股东完全逃脱其出资义务，规避法律对公司资本的限制，则不仅背离认缴制的初衷，动摇公司资本三原则的根本，也将致使社会上"皮包公司""空壳公司"泛滥，影响商业社会的稳定，对经济交易秩序危害极大。

（2）公司经营者需对股东未缴出资建立正确的认知。

《公司法》司法解释（二）第二十二条规定，**公司解散时，股东尚未缴纳的出资均应作为清算财产。股东尚未缴纳的出资，包括到期应缴未缴的出资，以及依照公司法第二十六条和第八十一条的规定分期缴纳尚未届满缴纳期限的出资。**当公司财产不足以清偿债务时，债权人主张未缴出资股东，以及公司设立时的其他股东或者发起人在未缴出资范围内对公司债务承担连带清偿责任的，人民法院应依法予以支持。

据此，认缴的股东未届出资期限即转让公司股权，并不是找到了逃避股东出资责任的"避风港"，以为将认缴的出资额股权全部转让给他人就可以全身而退，从此事不关己，这显然是错误理解了认缴制的真正含义。

股东关于出资的约定本质上是股东与公司之间的契约，对于认缴出资期限的确认，无异于对公司负有附期限的合同义务。股东在出资期限到期之前将股权转让出去，仅仅是让渡了自己的合同权利，履行出资的合同义务并不会随着股权的转让而转移。当股东出资责任加速到期之时，没有切实履行出资的原股东也依然不能免除出资义务，应就未尽足额出资的部分对公司债务承担连带责任。

2.4 生态链合伙

生态链合伙从产业链角度来看，可以划分为上游合伙和下游合伙。前者主要包括原材料商合伙、供应商合伙、制造商合伙；后者主要包括经销商合伙、城市合伙、项目合伙等。从合伙的形式来看，生态链合伙主要表现为把有资金的人、有资源渠道的人、有权力的企业或个人变为合伙人。

本书主要介绍下游合伙中的城市合伙模式。

2.4.1 城市合伙人的简述

在"城市合伙人"这个新词汇出来之前，一家企业要想扩展业务，一般有两种做法：直营和加盟。

直营模式是纯粹的公司"分身术"，能保证服务和产品的质量，公司也能保证团队的管理。

但是这种模式需要公司亲力亲为，无论是资金方面还是人员方面，公司都承担着巨大的压力。这种模式的缺陷是无法实现快速扩张，抢占市场。

加盟模式则不同，品牌方总部可以通过建立一整套连锁加盟模式，从加盟商处收取加盟费，作为对价，输出总部已经验证成功的商业模式。这种模式既省钱又省人，还可能省事，实为公司实现快速扩张、拓展异地市场的妙方。

图 2-18 为城市合伙模式中消费者、城市合伙人和品牌方三方的关系。

图 2-18　城市合伙模式中的三方关系

一、城市合伙人是什么

简单地说，城市合伙人是在传统分销渠道的基础上融合了"粉丝"经济、会员经济、合伙人制度等一系列中心思想，从而形成的新商业模式。

城市合伙人与品牌方的关系，从加盟的分散式管理摇身一变，成了合伙人制的集中式管理，既分散了直营风险，管理也比加盟模式紧密。

于是企业就变成了对内加盟，对外合伙的一个整体。

二、城市合伙人的特点

城市合伙人其实是不需要缴纳加盟费的，当然，公司也可以象征性地收取品牌保证金，但是金额不会很多，因为他本身既是用户也是股东还是合伙人。所谓的"品牌保证金"相当于入伙（股），双方共同经营品牌，按协议进行分红，合伙人自己的销售额还有提成。

这样的合作模式非常"轻"，城市合伙人和品牌方利益捆绑，城市合伙人要是把品牌做坏了，自己也有损失；而创业者获得了低成本快速扩张市场的契机。（注：如果是请销售团队，那么还得发工资。）

城市合伙人获得了低成本创业的机遇，自己无须太大的资金投入。

消费者能够获得更舒适的产品体验，发现高质低价的商品，没有中间商差价。

城市合伙人的商业模式将直营模式和加盟模式的优点结合到一起，品牌方、城市合伙人、消费者三者形成了三赢的良性循环。

三、城市合伙模式中存在的问题

城市合伙模式在现实中仍然存在很多需要解决的问题。

例如，品牌方如何设计一套与城市合伙人合作共赢、持续发展的运营体系？如何找到适合的城市合伙人？城市合伙人作为后来者，如何熟悉品牌方的品牌文化，并准确地把它传递给消费者？城市合伙的产品，如果在所在地域"水土不服"，应该怎么办？

其实，城市合伙模式是有一定门槛的。首先，城市合伙人必须是一个可以信赖，相信并践行"诚信经营"理念的经营者。其次，城市合伙人不仅要对品牌方所处的行业有一定认知，还要有一定的人脉、资源，甚至是渠道。最后，城市合伙人必须具备快速学习能力。即使没有相关行业经验、企业管理能力，快速学习相关知识的能力也是需要具备的。

所以，我们应该把视野放得更宽，城市合伙人不再局限于单个"人"，商家、企业（团队），甚至是上下游供应链都可以参与其中。

2.4.2 城市合伙的三种模式

城市合伙主要有三种模式，如图 2-19 所示。

第一种，股权架构上的合伙。

比较典型的案例是功夫熊。据悉，功夫熊是项目方总部（母公司）会毫无保留地提供现成的模式、系统、经验和资源，并设计合理的机制均分回报及资本收益。

这套"城市合伙人"计划在股权结构上，项目方总部与城市合伙人之间，既有"合伙"关系，同时也符合《合伙企业法》中有限合伙人与普通合伙人企业的设置的基础条件，即都是合资公司（有限合伙企业）

的持股股东。

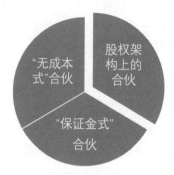

图 2-19 城市合伙的三种模式

第二种，"保证金式"合伙。

这个类型的合伙关系与第三种类似。唯一的不同在于，成为城市合伙人之前，前者需要支付一笔加盟保证金。通常加盟保证金在城市合伙合作协议到期后，由品牌方总部退还给城市合伙人。如果在合同有效期内，城市合伙人存在违反合同约定的事项，并给品牌方带来损失，那么品牌方将从该保证金中扣除相应款项作为补偿。

第三种，"无成本式"合伙。

"无成本式"合伙的合伙人不用与品牌方总部正式签署《劳动合同》，属于非正式编制用人，不属于该公司或者品牌方的员工，只是借助与整合货品资源、品牌资源、渠道资源、物流资源等来为自己创业。

合伙人不需要支付任何费用，收入采用的是"无底薪+佣金"的形式。典型的例子就是阿里巴巴的城市合伙人。

2.4.3 城市合伙人计划

下面介绍一个典型的城市合伙模式的案例，案例主角是国内另一家互联网企业巨头——腾讯。

案例 2-20 腾讯教育推出的城市合伙人计划

2021年4月20日，在第二届MEET教育科技峰会上，腾讯教育发布了"腾讯教育城市合伙人计划"（以下简称"城市合伙人计划"），长期向全社会招募希望与腾讯一同积极投身基础教育数字化建设的合作伙伴。据悉，城市合伙人计划将以腾讯教育的产品和方案为基础，以地市为单位，为政府、教育厅局、中小学、中职院校及幼儿园等客户提供服务，做好教育的数字化助手，共建"科技+教育"新生态。

针对基础教育，腾讯推出了五大产品，三大解决方案

随着科技的高速发展，我国教育信息化的发展从"工具驱动"转变为"数据驱动"，从单一的教学工具，迈向"以数据应用提升整体教学能力"的新阶段。腾讯教育定位于教育行业智慧化转型升级的"数字助手"，以科技之力助力教育个性化、精准化、智能化发展。迄今为止，腾讯教育在全国落地了10多万所标杆院校，服务了1000多个教育主管部门，助力30多万家教育机构快速成长，服务用户超过了4亿人。其中，在基础教育领域，覆盖了智慧校园、智能校警、教师助手、AI考试、精准教学五大产品；教育智脑、新建校、人工智能教育三大产品解决方案。

腾讯教育的城市合伙人计划

根据腾讯的规划，2021年，腾讯教育要完成50个城市级合伙人的城市布局，并持续构建标杆校。"我们在寻找自己在这个生态领域的共建者，以及我们的共创者。"腾讯基础教育业务总经理徐勇群指出，希望教育领域里有理想、有追求的合作伙伴，能够加入城市合伙人计划，与腾讯教育一起聚光前行，共拓千亿级市场范围。

（1）四大角色，共建"科技+教育"生态

据悉，城市合伙人计划招募旨在向全社会定邀并招募教育行业合作伙伴。主要面向二、三线城市，组建一个城市合伙人联盟，打造开放平台,以腾讯教育的产品与行业解决方案为基础,以运营服务类合作伙伴落地执行为支撑,做好政府及中小学"科技+教育"的数字化助手,共建"科技+教育"生态。

(2)城市合伙人计划的目的

城市合伙人计划的目的是,加快腾讯教育在全国二、三线城市的拓展及落地;持续提升在K12客户中的影响力及知名度;全面孵化教育的落地场景,结合到各地的基础教育建设中;创建核心合伙人体系,完善腾讯基础教育的生态交付能力。

(3)城市合伙人所扮演的角色

报名参加城市合伙人计划者,需扮演以下四种角色。

角色一,市场开拓者:在目标城市有丰富的基础教育客户案例,以及完成市场目标的能力,能够提升腾讯教育的市场占有率和品牌影响力。

角色二,行业方案供应商:在基础教育领域内有推广价值的产品和方案,能够补充和丰富腾讯产品体系。

角色三,交付服务商:具备较为丰富的基础教育行业项目落地经验,能有效推进项目落地交付进展的交付。

角色四,城市运营商:具备在目标城市开展持续商业化运营的能力,实现基础教育服务场景深度运营。

(4)城市合伙人享受八大权益,享受腾讯云专属授权协议

有意报名的生态伙伴,可通过教育城市合伙人计划线下推广活动、腾讯云渠道经理内推、腾讯云官网或直接通过链接参与报名。

合作伙伴在报名时,需要填写申请表,并提交公司资质、落地案例、市场拓展计划书等相关资料。所有入围的教育城市合伙人,都可以获得腾讯教育方案全方位指导,并依靠腾讯产业生态,补齐自我整体解决方案和交付能力。

入选的城市合伙人考察期通过后将颁发正式授牌,享有专属的八大权益。包括但不限于：①教育城市合伙人授牌；②签订专属授权协议；③享受签约地市优先市场开拓权益，项目支持、达标激励等专属权益；④技术支持；⑤腾讯教育专家项目售前支持及联合产品方案支持、产品融合支持；⑥项目、产品云资源代金券；⑦市场沙龙计划支持；⑧"云上营销加乘"计划千万营销基金。

除此之外，优秀的合伙人还有机会被优先推荐进入腾讯教育共创营，和腾讯教育共建智慧教育顶级生态圈，并享有和腾讯产业生态投资更多链接的可能。

2.5 平台合伙

平台合伙是指平台型企业的合伙。所谓平台型企业，一般是指拥有超大体量的"巨无霸"企业，如腾讯、阿里巴巴、京东、小米等。这些巨型企业因为某些特殊因素，走到一起，成为合伙人，不仅可以挽救个别处于困境中的企业，也将对中国经济界整体产生巨大影响。

2.5.1 入股苏宁易购的基金背后的企业群

案例 2-21　国资携手平台型企业组成基金，拯救困境中的苏宁易购

2020年初新冠疫情突发，给中国零售行业带来了巨大的影响。由于广大消费者外出消费的减少，使包括苏宁易购在内的众多零售企业陷入了营业额剧减、盈利水平大幅下降的不利局面，导致了苏宁易购流动资金紧张的危机。在此困境下，苏宁集团采取了以下行动。

2021年7月5日，苏宁易购发布公告称，南京市人民政府国有资产监督管理委员会和江苏省财政厅牵头成立了江苏新新零售创新基金二期（有限合伙），总规模为88.3亿元人民币，邀请华泰证券、阿里巴巴、小米、美的、TCL产业投资人参与。公告显示，基金将获得苏宁易购16.96%的股权，以支持苏宁易购应对流动性问题，稳定企业融资环境，促进企业稳定经营、持续发展。协议转让完成后，苏宁易购将不存在控股股东、实际控制人。

由上述公告我们可以看出，新成立的江苏新新零售创新基金二期是由南京市人民政府国有资产监督管理委员会和江苏省财政厅牵头，并由几家大型平台型企业入股的企业联合体。该联合体成立的目的是，解决苏宁易购遭遇的流动性危机。江苏新新零售创新基金二期的股东构成如图2-20所示。

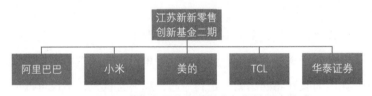

图2-20　江苏新新零售创新基金二期的股东构成

公司控股股东、实际控制人张近东先生及其一致行动人苏宁控股集团，公司持股5%以上股东苏宁电器集团，西藏信托（以下合称"转让方"），拟将所持公司合计数量占上市公司总股本16.96%的股份转让给江苏新新零售创新基金二期。

其中，张近东、苏宁控股集团、苏宁电器集团、西藏信托分别将所持公司311629999股股份（占上市公司总股本的3.35%）、116375496股股份（占上市公司总股本的1.25%）、864489565股股份（占上市公司总股本的9.29%）、286201086股股份（占上市公司总股本的3.07%）转让给江苏新新零售创新基金二期（见表2-26）。股份转让价格均为5.59元/股。

表 2-26 苏宁易购股东持股比例变化（本次股份转让前后）

股东姓名/名称	本次股份转让前			
	持股数量（股）	持股比例（%）	拥有表决权股数（股）	拥有表决权比例（%）
张近东	1951811430	20.96	1951811430	20.96
苏宁控股集团	370786925	3.98	370786925	3.98
苏宁电器集团	993937699	10.68	993937699	10.68
西藏信托	286201086	3.07	286201086	3.07
江苏新新零售创新基金二期	0	0	0	0
股东姓名/名称	本次股份转让后			
	持股数量（股）	持股比例（%）	拥有表决权股数（股）	拥有表决权比例（%）
张近东	1640181431	17.61	1640181431	17.61
苏宁控股集团	254411429	2.73	254411429	2.73
苏宁电器集团	129448134	1.39	129448134	1.39
西藏信托	0	0	0	0
江苏新新零售创新基金二期	1578696146	16.96	1578696146	16.96

苏宁易购的本次股份转让前后的股东及股权比例构成如图 2-21 和图 2-22 所示。

图 2-21 苏宁易购的股东及股权比例构成（本次股份转让前）

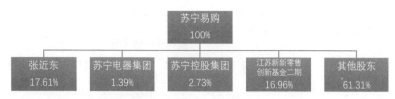

图 2-22 苏宁易购的股东及股权比例构成（本次股份转让后）

2.5.2 平台合伙的意义

平台合伙的意义在于，最大限度地发挥各个平台型企业的优势，形成 1+1>2 的协同效应。具体到苏宁易购的案例中，我们不难发现，此次平台合伙形成的积极结果，体现在以下几个方面。

（1）本次股份转让新引入的股东江苏新新零售创新基金二期，出资人结构多元、优势互补。各方将积极推动苏宁易购进一步完善治理结构，提升上市公司的科学决策能力，全面提升经营管理水平，建立更为科学的激励体系，助推向"零售服务商"转型的落地，提高上市公司资产和业务运营效率，推动公司长期战略的实施。

本次股份转让有利于上市公司进一步整合优质资产和优质业务，与国有资本、产业资本实现资源互补，合作共赢。其中，南京市人民政府国有资产监督管理委员会和江苏省财政厅的参与将为苏宁易购平稳、健康发展奠定坚实的基础，阿里巴巴、美的、TCL、小米等产业投资人与苏宁易购将发挥紧密的协同效应，在用户、技术、服务、供应链、仓储物流等领域持续深化合作。

（2）进一步增强苏宁易购的流动性，对更好地落实上述业务发展规划至关重要。南京市人民政府将充分发挥联合授信机制的积极效应，为苏宁易购提供紧急授信，并根据业务发展需要及时、足额恢复授信至正常经营时的合理水平，促进企业经营活动恢复良性循环。

（3）此次平台合伙的母体，即江苏新新零售创新基金二期，由南京市人民政府国有资产监督管理委员会和江苏省财政厅联合各方参与，遵循市场化、法制化原则，履行属地责任，积极支持苏宁易购平稳、健康发展。如果此次没有政府主导，国资牵头，基金股东中的平台型"巨无霸"民营企业，由于各自都有自己的利益得失考量，恐怕很难走到一起。

思考

A公司是有25家美容美发店的总公司，计划在单店业绩最好的B店试点合伙人制度。请问：本章中列举的哪种合伙人模式比较适合B店？假设，A公司推广内部创业，并以B店成立新公司，以A公司、B店店长和5名核心店员作为该新设公司的股东，请你设计三方各占股权的比例，并制作新公司的股权架构图。

参考答案

B店引进合伙人模式，不能急于求成，而应该稳扎稳打。所以，建议最初采用虚拟合伙模式，既可以采用以利润的一部分作为分红的形式（存量虚拟合伙模式），也可以采用对超出计划的利润进行分红的形式（增量虚拟分红模式）。在此基础上，今后逐步引进事业合伙模式。再根据实行情况，最终引进股东合伙模式。

以B店成立新公司，是一种事业合伙模式。具体来讲，店长和核心员工出资成为新公司的注册股东，不仅享有对利润的分红权，还有与所持股份比例对等的投票权和表决权。为了A公司（母公司）能够保持对新公司的控制权，建议A公司持股51%，店长持股比例25%~35%，剩余股权为其他5名核心员工（以有限合伙企业设立持股平台）所有。

第3章 合伙的股权设计

CHAPTER 3

国内著名投资人、真格基金联合创始人徐小平曾说过,不要用兄弟情义来追求共同利益,一定要用共同利益追求兄弟情义。笔者认为,公司的股权是追求共同利益的最佳工具。合理的股权结构对于一家公司的发展至关重要!

股权设计的目的是最大限度地保障公司股权结构的合理性和有效性,其背后遵循一定的基本原则,即股权设计上的"道、法、术"。

股权激励是股权设计中最常见也是最有效的手段之一,它包括定激励方式、定激励对象、定股权来源、定激励价格等基本环节。

人力资本越发受重视的当下,如何在股权设计中运用人力股设计,以吸引优秀人才,将成为企业经营者的必修课。

3.1 股权设计是合伙的根基

如果把合伙人制度比作人体的各个器官,股权设计则可以被看作是支撑人体的骨骼。器官功能再强大、有效,如果没有骨骼这样的"基础设施"作支撑,就等同于"无米之炊",一切都将无从谈起。

3.1.1 股权设计的一般原则

股权设计的一般原则包括以下两个方面。

1. 股权设计的"六字真经"

笔者在本书第一章中介绍过股权设计应遵循的"六字真经",即分享、公平、控制,**分别对应股权设计中的道、法、术,代表了股权设计的精神内核和核心原则。**

2. 股权设计的占股比例原则

绝对控股:持股≥67%。

相对控股:持股≥51%。

一票否决权:持股≥34%。针对《公司法》或公司章程规定的重大事项,如增资、减资、修改公司章程等,拥有一票否决权。但对于一般事项没有一票否决权。

在实务中,笔者接触过不少由于创业者没有正确的股权设计,在对外融资过程中没有掌握好逐步释放股权的节奏,导致过早失去公司控制权的真实案例。最终结果是,要么被资本裹挟,丧失经营的主导权;要么被资本方或其他股东联合起来,"被迫出局"。

对公司控制权的掌控,除了运用股权设计的方式之外,还可以像第2章中介绍的那样,采用公司章程、协议控制等手段。

3.1.2 股权激励的设计

股权激励制度是企业中常见的一种激励机制,企业不仅可以利用它来吸引人才和留住人才;同时,在现金不足的情况下,还可以运用股票期权等方式,把激励对象与企业的长远发展目标捆绑在一起,实现"少花钱,办大事"的效果。

股权激励是指作为激励对象的员工通过获得企业股权的形式,享有一定的经济权利,能够以股东的身份参与企业决策、分享利润、承担风险,从而使员工勤勉尽责地为公司的长远发展服务的一种激励方式。

实施股权激励的目的并非多培养几位股东,而是打造"人人都是CEO"的企业文化,即鼓励员工从老板的角度思考问题(Think Like Owners),激励员工全力以赴(We are all in),培养员工的主人翁精神,使人人都成为自己的CEO。

案例3-1 特斯拉的股票期权计划真的这么吸引人吗?

美国新能源汽车的代表性企业特斯拉,是近几年美国资本市场的宠儿。2021年12月,据日本最大的经济新闻媒体——《日本经济新闻》报道,特斯拉已成为世界上"最值钱"的车企,即其市值在全球车企中排名第一。它的市值是全球产量最高的车企丰田汽车市值的两倍!特斯拉的发展速度和估值令人难以想象。

更让人难以想象的是,特斯拉CEO埃隆·马斯克推出的股票期权计划。不同于大多数汽车制造商,特斯拉向所有员工提供股票期权和奖励,作为其薪酬方案的一部分,以此来激励员工。由于特斯拉一直在加大投资、扩大产能,因此并没有多少现金可供激励计划使用,为了能够吸引和留住核心人才,于是推出了该计划。**马斯克曾表示:"我们对所有员工的薪酬理念反映了我们的创业理念,强调以股权为基础的工作奖励。"**

特斯拉股权激励计划的主要内容是，大多数员工在特斯拉工作1年后，都会获得2万至4万美元的限制性股票，但他们在3年后才能对这些股票行权，即针对期权设定了4年归属期。即便是直接被特斯拉裁撤的离职员工，也可以获得股票补偿。而包括马斯克在内的高管团队，都是拿低固定工资和奖金，而报酬的绝大部分是与业绩目标挂钩的股票期权。

当下美国硅谷很多高科技企业采用的是类似特斯拉模式的股票期权计划，其基本特征是低固定薪资、少奖金、高期权。

股权激励方式

目前在中国企业和美国企业中常见的股权激励的方式有以下几种。

1. 限制性股票

限制性股票（Restricted Stock，RS）就是限售股。此类股票享有投票权和分红权，但是没有转让的权利。

2. 受限制股票单位

受限制股票单位（Restricted Stock Unit，RSU）在国内企业的股权激励计划中比较少见，常见于美国企业中。RSU与RS是不同的概念，RSU是指企业在授予激励对象股票时，并未将股票的所有权让渡，而是约定在未来的某个时候，一次或多次地将股票交付。相当于企业对激励对象交付股票的一个承诺或一种债务。另外，虽然RSU在兑现前没有投票权，但拥有分红权。

3. 股票期权

股票期权（Stock Options）是指在一定期限内，非上市公司和上市公司给予企业高级管理人员和技术骨干等核心人才以一种事先约定的价格购买公司普通股的权利。它是目前中外企业中使用最广的股权激励计划之一。

4. 业绩股票

业绩股票（Performance Shares）是股权激励的一种典型方式，是指在年初确定一个较为合理的业绩目标，如果激励对象到年末时达成了预定的目标，公司就授予其一定数量的股票或购买公司股票奖励激励对象。业绩股票的流通变现通常有时间和数量限制。激励对象在获得业绩股票后的若干年内经业绩考核通过后，可以获准兑现规定比例的业绩股票。如果未能通过业绩考核，或出现有损公司形象和利益的行为、非正常离任等情况，则其未兑现部分的业绩股票将被取消。

5. 虚拟股权

虚拟股权（Phantom Stocks）是指企业授予激励对象一种虚拟的股票（相对实有股权而言），激励对象可以据此享受一定数量的分红权和股价升值收益，但没有所有权，也没有表决权，不能转让和出售。虚拟股权在激励对象离开企业时自动失效。

6. 股票增值权

股票增值权（Stock Appreciation Rights，SARs）是指企业给予激励对象的一种权利。激励对象可以在规定的时间内获得规定数量的股票股价上升所带来的收益，但并未取得该股票的所有权，因而也不具备表决权和分红权。

（1）SARs 的行权是指决定行使获得股票增值所带来的收益的权利，最终的行权价为市场价格。

（2）SARs 并非主流的激励方式，因此虽然被很多公司写在股权激励计划中，但并未实际运用。

企业在导入及实施股权激励计划时，应该充分根据本公司的类型及发展阶段，采用不同的股权激励方式，切勿简单模仿其他公司的成功案例。因为这些股权激励方式在是否为实有股权、股权是否稀释、员工是否出资等诸多方面存在明显的差异，如表3-1所示。

表3-1 六种股权激励方式的区别

方式	内容								适合的企业
	评估定价	实股	转让	股权稀释	激励收益	公司现金支出	员工现金支出	员工风险	
限制性股票	需要	是	不可	有	投票权分红权增值权	无	有/无	有/无	业绩增长、股价稳定，且现金流充足，有分红偏好的企业
受限制股票单位	需要	否	不可	有	分红权增值权	无	有/无	有/无	同上
股票期权	需要	是	不可	有	增值权	无	有	无	初期资本投入较少，人力资本依附性较强，资本迅速增长的企业
业绩股票	需要	是	不可	有	投票权分红权增值权	有/无	无	无	业绩稳定且绩效管理系统成熟的企业
虚拟股权	需要	否	不可	无	分红权增值权	有	无	无	业绩增长快且现金流充足的企业
股票增值权	需要	否	可/不可	无	增值权	有	无	无	现金流充足且成长空间较大的企业

3.1.3 股权激励的步骤

在企业内部实施股权激励计划时,一般包括以下步骤。

一、确定激励的方式

上文中介绍了六种股权激励的方式,除此之外,还有一些其他的激励方式。企业需要根据自身的发展阶段,选择适合自身情况的激励方式,并在运用中保持一定的灵活性,随着情况的变化做出相应的调整。

二、确定激励的对象

一般来讲,公司的股权激励对象包括以下人员。

(1)母公司及其控股子公司的核心管理人员。

(2)母公司及其控股子公司的核心业务人员和技术人员。

(3)历史上对公司发展有贡献的人员。

(4)公司外部的顾问等专业人员。

三、确定激励的股权(或资金)来源

用作激励的股权(或资金),主要有以下三种来源。

(1)股权转让。

由现有的股东转让股权,总股本不变。

(2)增资扩股。

公司向被激励对象发行股份,老股东的股权被稀释,总股本增加。

(3)股份回购。

公司出资回购本公司的股份,常见于资金充足的公司或上市公司。例如,格力电器于2021年6月从二级市场回购了本公司的部分股份,用于对员工进行股权激励。

四、确定用于激励的股票价格

确定用于激励的股票价格时,一般分为非上市公司和上市公司两种情况。

(1)非上市公司的确定方式:通常采用市盈率计算法、净资产计算法、注册资金法等方式来确定股票价格。

(2)上市公司的确定方式:主要以上市公司在公开市场的股票价格为依据。

当公司对核心员工实行激励计划,授予他们股票期权,而员工无钱购买时,公司会如何处理呢?在实务中,公司通常会采用以下几种方式。

第一种,公司支持部分购买资金。

从实行股票期权激励计划的案例来看,多数情况下,公司要求被激励对象自筹资金购买。但也有部分企业采用自筹资金与公司给予资金支持相结合的模式,这两者的比例,根据公司的实际情况而定。例如,某公司按照1∶1的比例确定了被激励对象自筹资金和公司支持资金的比例,后者来源于以授予期权时相应年度的超额净利润为基数,在此基础上提取一定比例的资金作为奖励基金给予员工。

第二种,公司提供贷款担保。

这一点容易理解,即当被激励对象在合作金融机构申请贷款时,公司提供一定条件下的担保。

五、确定用于激励的股票数量

确定用于激励的股票数量时,通常需要考虑以下两个方面。

第一,需要考虑企业的规模和发展阶段、确保大股东对公司的控制权、业绩目标的设立、波动风险(如业绩的变化)的预防等。

第二,导入动态股权激励机制,避免一次性分配。一般情况下,根据公司发展阶段的不同、行业的变化、人才需求的变化等情况,逐年分次释放股权。

六、确定激励的时间

确定激励的时间时，一般需要考虑以下因素。

（1）股权授予日、有效期、等待期、可行权日及禁售期等。通常，股票期权授予日与获授权股首次可以行权的时间间隔不得少于1年，且要分期行权。

（2）行权期原则上不得少于两年，行权有效期不得低于3年，有效期内匀速行权。

七、确定激励的条件

需要确定的激励条件一般包括绩效条件，即业绩目标达成条件，触发条件和限制性条件。

案例 3-2 科创板申报企业境内架构的首例上市前授予、上市后行权的期权激励计划

上海硅产业集团股份有限公司（以下简称"公司"）于2019年4月21日，临时股东大会审议通过了期权方案；4月30日，公司科创板上市申请获得上交所受理。股权激励方案满足"上市前期权激励计划"的相关规定，具体内容如下。

1. 授予日期：2019年4月21日。

2. 等待期：股票期权授予满24个月。

3. 授予数量：9506.34万股。

4. 授予人数：267人。

授予人数约占公司员工总数的20.24%，被激励对象覆盖公司及其控股子公司的核心管理人员、核心业务人员和技术人员，不包括独立董事

及监事。

5. 授予后股票期权剩余数量：0股。

6. 行权价格：3.4536元/股。

7. 行权条件如下。

根据公司激励计划的规定，授予股票期权第一个行权期须同时满足下列条件，激励对象获授的股票期权方可行权。

（1）2020年，300mm正片的年销量不低于30万片。

（2）2020年，净利润不低于1000万元人民币。（净利润是指扣除非经常性损益后归属母公司股东的净利润。）

（3）2020年，营业收入增长率不低于8%。

（4）个人业绩考核要求：激励对象个人业绩考评结果分为A、B、C、D、E五个等级，分别对应计划行权100%、100%、80%、0%、0%。

从上述案例可以看出，股票期权激励计划中，一般会设立一定的业绩目标，目的是把公司的核心人才与公司的长期发展、未来收益捆绑在一起。如果说工资是短期奖励，奖金是中期奖励，那么股票期权就是长期奖励，而且它是附带一定条件的。

3.1.4 股权激励的时机

上文中介绍了从企业的角度考虑，如何在企业发展的不同阶段实施股权激励计划。接下来，笔者将从资本的角度分析股权激励的时机，如图3-1所示。

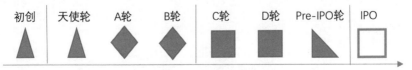

图3-1 股权激励的时机

一、初创（含种子轮）

公司的初创阶段需要考虑的主要问题包括：创始人团队的组建、分工及各股东的股权安排，预留未来加入的合伙人股权，大股东的代持股权等。

二、天使轮/A轮/B轮

通常，从天使轮开始将有外部资本投资公司，并获得公司一定的股份。公司如果发展良好，之后还会有多轮融资。此时公司开始有增值估值，实施股权激励会让员工对公司未来的发展和个人的收益回报产生良好的期待。

三、C轮/D轮

此阶段公司已经进入高速发展期，且有良好的净利润，公司估值也随之"水涨船高"。需要提前设计持股平台（包括内部员工和外部合伙人持股平台），持股比例也可以放大，需要与IPO计划对接。

四、Pre-IPO轮

考虑到IPO上市后融资的各种限制，一般情况下，公司在此阶段还会再做一轮股权激励，但需要考虑到实施该激励计划将减少公司的净利润。

五、IPO

受上市监管相关政策的制约，企业IPO上市后推出的股权激励计划，股票数量不得超过总股本的10%，且实施对象主要为企业内部的管理人员、技术及业务方面的核心员工。

3.2 人力股的设计

人力股的设计，重视"人力资本"的价值，在激励企业的管理层和技术骨干等核心人员方面，是一种非常有效的股权设计模式。用好了它，可以激发并留住核心人才，实现核心人才与企业的共同发展。

3.2.1 人力股设计的定义和适用对象

一、人力股设计的定义

人力股是指相对于资金股而言，以智力投入（包括管理和研发能力等）为公司带来价值，不需要出资而获得的相应股权。人力股设计则是与人力股相关的一系列的设计方案，包括但不限于人力股的股权比例和定价安排，以及进入和退出机制等。

二、适用对象

人力股的适用对象主要包括企业内部的管理层及技术等方面的核心人员，他们以其自身的管理或研发能力等"人力资本"资源为企业提供价值，并以此获得相应的股权。

3.2.2 人力股设计的案例

案例3-3　X公司的人力股占比多少合理？

X公司是一家从事跨境电商的初创企业。三位联合创始人都是"90后"，曾是腾讯或京东电商等部门的管理层核心人员。他们在新公司中分别担任CEO、CTO、CMO，出资分别为90万元、60万元、30万元。

Y公司是一家著名的电商平台公司，其副总裁张三十分看好X公司的发展前景，愿意出资 120 万元做其兼职股东，但不参与 X 公司的日常经营。

X 公司在各方股东之间，面临以下问题亟须解决。

1. CEO、CTO、CMO 三位联合创始人全职参与公司经营，属于出资又出力，如何核算持股比例？

2. 张三并未离职，只是出资 120 万元而不参与 X 公司的经营，属于出资但不出力，占股多少合理？张三是相信 X 公司的 CEO 和 CTO 才投资的，如果 CEO 和 CTO 中途离职了，该如何处理？

3. 如果 X 公司三位高管 5 年内不离职，张三承诺可以采取"同股不同权"模式，出大钱占小股，但其持股比例不低于 10%。

笔者应 X 公司联合创始人的邀请，对以上问题进行了梳理。通过导入人力股模式，设计了股权方案（含表决权和分红权），满足了双方的要求。具体步骤如下。

（1）按资金股占 35%，人力股占 65% 的比例分配了股权，且为了制约高管团队中途离职，后者分 5 年解锁，如表 3-2 所示。

表 3-2 X 公司资金股与人力股结合的设计

持股情况		股东				
		CEO	CTO	CMO	张三	合计
出资情况	出资额	90万元	60万元	30万元	120万元	300万元
	出资比例	30%	20%	10%	40%	100%
股份类型及比例	资金股 35%	10.5%（30%×35%）	7%（20%×35%）	3.5%（10%×35%）	14%（40%×35%）	35%
	人力股 65%	40%（分5年兑现）	15%（分5年兑现）	10%（分5年兑现）	0%（无人力股）	65%
合计持股		50.5%	22%	13.5%	14%	100%

(2)设计 X 公司的表决权,如表 3-3 所示。

表 3-3 X 公司的表决权

权利	解锁时间	股东				
		CEO	CTO	CMO	张三	合计
出资比例	初创时	30%	20%	10%	40%	100%
表决权	第1年年末	51%	22%	13%	14%	100%
	第2年年末	51%	22%	13%	14%	100%
	第3年年末	51%	22%	13%	14%	100%
	第4年年末	51%	22%	13%	14%	100%
	第5年年末	51%	22%	13%	14%	100%

(3)分红权分 5 年成熟并逐年解锁。当合伙人离职时,已成熟部分的分红权全部收回,可由 CEO 代持;而未成熟的分红权则被取消,如表 3-4 所示。

表 3-4 引进人力股后 X 公司的分红权比例

权利	解锁时间	股东				
		CEO	CTO	CMO	张三	合计
出资比例	初创时	30%	20%	10%	40%	100%
分红权	第1年年末	18.5% (10.5%+8%)	10% (7%+3%)	5.5% (3.5%+2%)	14%	48%
	第2年年末	26.5% (10.5%+16%)	13% (7%+6%)	7.5% (3.5%+4%)	14%	61%
	第3年年末	34.5% (10.5%+24%)	16% (7%+9%)	9.5% (3.5%+6%)	14%	74%
	第4年年末	42.5% (10.5%+32%)	19% (7%+12%)	11.5% (3.5%+8%)	14%	87%
	第5年年末	50.5% (10.5%+40%)	22% (7%+15%)	13.5% (3.5%+10%)	14%	100%

X 公司各位股东对上述方案十分满意，公司业务快速步入正轨，发展得越来越好。

通过本案例我们不难想象，目前国内很多初创企业跟 X 公司都有类似之处，即创始人团队年轻有为，富有想象力和创造力，摸索出了先进的商业模式并且拥有互联网思维，但由于缺少资金等资源，在创业过程中并非一帆风顺。这些企业如果能够运用上述人力股模式，联合外部资金方为企业发展注入所需资金，就能够让人力资本的力量得以放大，最终实现共赢。

可以预见，随着各领域的科学家、技术人员等高端专业人才陆续加入"双创"浪潮之中，"科技创业"将成为一股不可阻挡的趋势。在此背景之下，资本的光环将逐渐褪去，人力资本之光将会越发闪亮。

3.2.3 人力股设计需要注意的问题

人力股设计中需要注意以下三个问题。

（1）要选对人力股设计适用的对象。

这一点是所有要点中最重要的。适用对象的选择标准，一般是对公司发展发挥重要的作用、不可替代型的高端人才，比如公司的管理团队和掌握核心技术的研究开发等部门的核心员工。

（2）人力股的释放要设计成逐年解锁模式。

为了预防取得人力股的公司高管中途离职而给公司的发展带来负面的影响，人力股设计通常要设定为 3~5 年期的逐年解锁模式，即每年完成约定业绩目标并持续在职，则释放一定比例的人力股股份。

（3）人力股设计的相关约定需要在章程和股东协议中明确约定。

为了避免相关各方对人力股设计的各项条件等产生分歧，公司需要在章程和股东协议中对各项条件做出明确约定,同时将这些约定作为实施时的重要依据。

3.3 股权众筹的设计

近年来,作为一种新形态的合伙模式,股权众筹模式受到了广泛关注。但由于很多通过这种模式众筹股权融资的项目无法实现其商业计划书中描绘的盈利愿景,导致了很多项目投资方蒙受投资损失。而在这些投资方遭受亏损时,大多数情况下,融资方不愿执行其与投资方的投资协议约定,即回购出资方所持股权,帮助出资方顺利退出。

后来,由于国内股权众筹平台频繁出现问题,监管力度开始收紧,这种融资模式逐渐被人们遗忘。虽然此模式在国内投融圈从出现到逐渐淡出历史舞台仅短短几年时间,但笔者认为,作为一种新型合伙人模式,它有一定的创新性,仍有必要了解其发展历史及运作模式。

3.3.1 国内股权众筹平台的发展历史

一、股权众筹的定义

股权众筹是指融资者借助互联网上的众筹平台,将其准备创办或已经创办的企业或项目,公开向普通投资者展示,吸引投资者出资加入,获得未来收益的一种基于互联网渠道进行融资的模式。其主要特征是以股权的形式回馈出资者。

二、国内股权众筹平台的发展历史

股权众筹模式并非我国首创,换言之,它是一种舶来品。众筹的鼻祖其实是一个叫 AngelList 的美国的股权众筹平台,它的出现引领了全球

股权众筹行业,并且颠覆了整个风投界的游戏规则。

国内股权众筹平台的发展简史如图3-2所示。

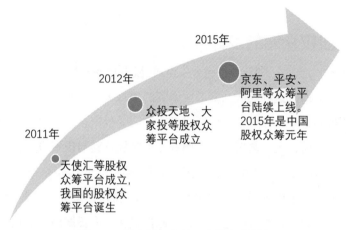

图3-2 国内股权众筹平台的发展简史

三、股权众筹的主要商业模式

股权众筹的商业模式主要有两种,一种是合投,另一种是"领投+跟投"。两种模式的主要区别在于对投资者的分类。在合投模式中,每个投资人都是平等的,占股比例原则上也是一样的。而在"领投+跟投"模式中,投资者有了级别的划分。在这种模式中,"领投方"(或称"领投人")贡献了自己的投资机会和聪明才智,并且负责管理基金,认购了大部分融资基金额,承担了融资项目的大多数风险,并且帮助创业公司增值,因此获得了额外收益。这类模式与传统VC投资模式类似。

案例3-4 京东股权众筹平台

国内股权众筹模式多采用"领投+跟投"的商业模式。下面是京东股权众筹平台对于众筹项目的领投方和跟投方的具体要求。

领投方需要满足以下条件。

（1）充分认同融资企业的发展原则与方向。

（2）在某个行业有丰富的实务经验，独立的分析能力和判断力，丰富的行业资源和影响力，很强的风险承受能力。

（3）具有投资管理能力以及投后管理能力。

（4）领投方必须有过至少1个过往非上市股权投资项目的退出案例，或者具有自主成功创业的经验。

（5）作为项目领投方，一定要勤勉尽职，乐于分享，具备利他之心。

（6）必须认购融资项目金额的30%以上，但是不能超过80%。

相比对领投方的高标准、严要求，京东股权众筹平台对于跟投方的要求，则相对要宽松得多。下面是对跟投方的具体要求，符合下面四点中的一点即可。

（1）投资人最近3年个人平均收入不低于30万元人民币。

（2）投资人的金融资产在100万元以上，其金融资产包括银行存款、股票、债券、基金、银行理财产品等。

（3）金融机构专业人士。

（4）专业VC机构。

京东股权众筹平台创建的目的是帮助创新型创业企业解决发展过程中遇到的投融资资源缺乏、融资难的问题。同时，在法律允许的情况下，合法合规地帮助更多投资者获得风险投资的收益。一个科学合理、完整高效的股权众筹流程，有助于项目融资方和投资方低成本地沟通和彼此筛选，并且能更好地帮助众筹项目有效、健康地发展。京东股权众筹流程如图3-3所示。

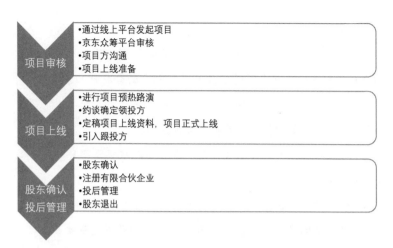

图 3-3 京东股权众筹流程

3.3.2 股权众筹平台的运作模式

一、国内主要股权众筹平台的盈利模式

研究了国内主要的几家股权众筹平台的商业模式后，笔者发现这些平台基本上通过三种模式获利：交易手续费、增值服务费和代管收益费。

交易手续费是指只要项目在众筹平台上融资成功，平台就按照成功融资金额的一定比例收取交易费用。京东股权众筹平台按成功融资金额的 3%～5% 收取交易手续费，项目融资不成功则不收费。这是诸多股权众筹平台的主要盈利点。

增值服务费是指项目在股权众筹平台融资时，平台提供合同、文书、法律、财务等方面的专业指导和服务工作，针对这部分付出，平台可酌情收取一定的服务对价。

代管收益费是指有的股权众筹平台会代替投资人，对被投项目进行实时投后管理，代管收益费通常是投资人收益的一定比例。这种模式在国内运用得比较少。

二、股权众筹平台的运作模式

案例 3-5　天使融资众筹平台的积极尝试

天使汇于 2011 年 11 月 11 日上线了天使融资众筹平台，成为国内最早的股权众筹平台。它的运作模式如图 3-4 所示。

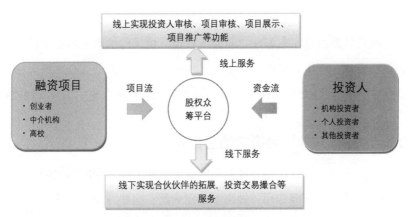

图 3-4　天使汇股权众筹平台的运作模式

3.3.3　京东股权众筹平台的代表案例

京东股权众筹平台"东家"于 2015 年 3 月 31 日正式上线。上线仅仅 15 天后，京东股权众筹总融资金额就已破亿元大关。由此可见，当时国内投融圈对这种新型融资模式的追捧热情非同寻常。据透露，京东股权众筹的领投方（又称领投机构），包括红杉资本、真格基金、紫辉创投、戈壁创投等 50 家以上中国投资界知名机构。

案例 3-6 "轻领投"模式的推出

2015年12月22日,"乐禾"项目在京东东家上线。此项目由无域资本、大连君泰和新恒利达联合领投,计划融资金额为2700万元。项目上线不到一分钟即被认购完毕。

"乐禾"是一个食材供应链管理方面的项目。发起人乐禾食品致力于打造中国版的西斯科(Sysco)公司,最终在京东东家平台上融资3800.3万元,超募约1000万元。项目共有147人参与,完成率高达141%。

该项目是由京东东家在"领投+跟投"模式的基础上新推出的"轻领投"模式。该模式是由京东东家来承担更多领投人的义务,解决一些流程性事务。此种模式的推出,旨在尝试解决领投人与平台的责任问题。

3.3.4 股权众筹平台模式的主要问题

股权众筹平台模式是一种新型的融资模式,对于当时国内创融圈的发展发挥了一些积极作用,做出了一定贡献,这些方面不可否认。但同时我们也应该看到,以下几个原因阻碍了它的发展。

1. 股权众筹平台由于不是专业的投资机构,因此对融资项目可行性的判断准确率偏低。

股权众筹平台作为运营方,有着一整套完整、有效的运作流程,能够让多个融资项目在大的框架下,有条不紊地运转。但是,对于融资项目的可行性的判断,需要多方面的专业知识和丰富的实务经验。而非仅通过审阅项目方提供的项目资料,以及准备得非常熟练的路演,就能够判断其项目的真正价值。这一点从融资项目在融资成功后的运营结果中可以得到印证。运营了一段时间后,很多项目都没能实现其商业计划书中的目标，甚至不少项目从未实现盈利。由此可见，通过平台融资成功的项目普遍质量不高，项目成功率偏低，多数项目让投资方蒙受损失而不能退出，这才是这种模式没能大规模发展的重要原因。

2. 投资方地位均等，难以形成统一的决策制度。

在合投模式中，由于出资人在融资项目中占有相同的股份，在新成立的有限合伙企业中也拥有同等的权限。在融资项目落地、运营及管理上一旦产生分歧，通常各个股东各持己见，互不相让，无法形成最终的决策意见，这样就会导致众筹项目错失很多良机，最后走向失败。

3. 投资方的退出机制形同虚设，无法发挥作用。

前文提到过，众筹项目亏损时，投资方可以依据双方事先签订的协议，要求融资方遵守承诺回购股权。但当融资方不遵守该承诺时，平台并不能采取强制措施来确保双方都遵守此协议。这样一来，导致的结果就是投资方投资受损，欲退无门，最后只能付诸法律手段来解决问题。

思考

A公司发展迅速，业绩稳步增长，其CEO王总希望对10名高管实施股权激励计划，请你为其设计一套具体的方案。

参考答案

A公司正处于发展上升期，是实施股权激励计划的好时机。因为只有在公司稳定发展，员工对公司的未来有信心的时候，他们才有意愿出资参与股权激励计划。这里建议A公司采用限制性股票的方式，设定股权激励的优惠购买价格，并对激励对象设定4年的行权周期。每年完成业绩目标后解锁其所购股权的25%，匀速行权，直至全部解锁。

第 4 章

初创企业的合伙人制度

2014年，政府发出了"大众创业，万众创新"的号召，"双创"一词自此而红。从那时开始，创业热潮席卷中华大地，各行各业的创业公司如雨后春笋般涌现出来，极大地促进了中国经济的发展。

同时，人们不难发现，不管是在美国还是在中国，创业成功都是一件概率很小的事情。据相关统计，创业成功率低于5%。

导致创业失败的因素，我们可以列举出许多个。但是，不可否认的是，其中多数与"人"的因素有关。例如，合伙人的股权架构设计得不合理，导致利益分配不均而使公司分裂等。相反，纵观成功的创业案例，笔者发现，不管公司规模如何，它们都制定了良好的合伙人制度，能够让合伙人一起努力，朝着共同的目标持续奋斗，最后取得了成功。

4.1 合在一起，共创未来

合伙人，顾名思义，就是志同道合的人，合在一起，共创未来。一般来说，要成为共创事业的合伙人，国内创投圈的专业人士普遍认为，至少需要满足以下三个条件。

（1）需要具备共同的价值观、愿景和信念。

（2）每个合伙人都有独当一面的业务能力或专长。

（3）合伙人之间能力互补。

4.1.1 创办企业的终极目的

笔者曾就"你创办企业的终极目的是什么？"这个问题，问过身边一些创业者朋友。得到的回答中，有很大一部分是："希望实现财务自由"。这个回答固然没错，但总让人感觉缺少些什么。

让我们看看苹果公司的创始人史蒂夫·乔布斯当年是如何回答这个问题的。他曾说，他创办苹果公司是为了改变世界，最后他确实也做到了。心中充满激情的他，带领苹果公司研发出了iPhone、iPad、iMac等划时代的产品，很大程度上改变了我们的生活。

让我们再来看看日本"经营之圣"——曾白手起家打造了两家世界500强企业的稻盛和夫是如何回答这个问题的。他说，他创办京瓷（精密陶瓷企业）的目的，是实现公司员工身心两方面的幸福，进而贡献当地社会，最终造福人类社会。应该说，稻盛先生经营企业的格局是非常宏大的，远远超越了自己的企业和国家。

中国的优秀企业家——贝壳找房的创始人左晖，对此也给出了精彩的回答。他曾说，他希望不管是链家还是贝壳，能够改变行业现状，让房屋经纪人成为受人尊敬的职业。我们看到，通过不懈的努力，他实现了这个目标。

创办企业的最终目的，因人而异，各不相同，实属正常。笔者认为，创业致富是每位创业者最朴素也是最真实的目标。主创始人先有一个好的商业想法，然后与志同道合的合伙人团队共同努力，不断把公司做大做强。公司赚钱以后，大家通过上市或并购等方式，最终实现财富自由，皆大欢喜。与此同时，通过创业还可以创造就业。公司产生收益后，合理合法地纳税，实现回馈社会的美好愿望。

4.1.2　一个人走得快，一群人走得远

"一个好汉三个帮""三个臭皮匠，顶个诸葛亮"，这些说的都是如果想成事，一个团体的力量大于一个人的力量。我们经常说"一个人可以走得更快，一群人可以走得更远"，说的也是这个道理。一个人的力量毕竟有限，"单枪匹马"地做事，虽然可以一个人说了算，可以快速决策、快速行动，但是其成功概率远低于一群志同道合的伙伴。其中包括以下两个原因。

（1）一个人的认知水平、解决复杂问题的能力要远低于一个相同圈层的群体。

（2）一个人单干，成功时无人分享，失败时无人倾诉，无人陪同着排解负面情绪。而团体成员之间可以互相鼓励，彼此提供精神支持。

由此看来，如果想创业成功，那么找到志同道合的合作伙伴，通过建立完善的合伙人制度，约定彼此的责权利后，大家朝着共同的目标一起努力，成功的概率要远远高于一个人奋斗。

4.1.3　创始合伙人的三个素质

国内某位知名天使投资人曾说过，他看过上万个创业项目，发现成功的项目（企业）有一些共性，比如一个企业的价值，90%以上在团队

身上；一个团队的价值，80%以上在创始人身上。**换句话说，就是所有成功创业的团队都有一个灵魂人物。**

这位知名投资人把创始人必备的关键素质，归纳为企业家精神、领导力和学习能力。

一、企业家精神

企业家精神的核心是创新、冒险和逆商。创新不局限于技术创新，而是围绕技术、产品、市场、生产要素组合、组织制度的全面创新。创新是企业家精神的灵魂。自由的思想是创新的前提。企业家要致力于核心价值的创新，而非热衷于资源驱动、关系套利。冒险意味着有强烈的构建私人商业王国的企图心，并愿意为此承担一切风险和压力。逆商就是遇到困难、面对失败不气馁，会想尽一切办法去解决问题的能力；即便一个项目失败了，也能客观面对，重整旗鼓，拥有重新开始的勇气。

二、领导力

领导力指的是能够识人用人，能够吸引能人、牛人加入团队，一起打拼的能力。要衡量一个人的领导力，看他的追随者的能力和水平，便会一目了然。

三、学习能力

当今世界，科技发展日新月异。公司的创始人需要具备超强的学习能力。不仅要精通本行业的最新技术动向，也要时刻关注并准确把握相关行业的最新科技发展动向。除了外部的技术和知识，对内管理方面，也需要创始人掌握公司运作的市场、财务、人事等各方面的必要知识，打造自己的"软实力"。

笔者认为，"软实力"有时比"硬知识"更重要。有效的学习方式，应该是好奇心驱动，自主探究式的。

4.2 初创企业合伙人组合的三种模式

除了创始人外，合伙人组合在创业团队的"人牌"中分量也举足轻重。在初创公司中，常见以下三种经典合伙人组合，笔者分别将它们命名为恒星组合、双子星组合和三角星组合。

4.2.1 恒星组合模式

恒星组合是指以创始人一人为绝对核心，多位合伙人像行星一样围绕着创始人的创始团队，创始人在这样的组合里占据绝对中心地位。

这种组合模式的优势是决策集权程度高，团队协同效应强，劣势是决策容易出现断崖式偏差。

在当今现实社会中，马云创办的阿里巴巴就属于恒星组合模式。马云当初在北京创业失败后，带领"十八罗汉"回到杭州继续创业，成立了服务中小企业的电商平台阿里巴巴。他在公司的战略制定及重大决策方面，拥有绝对的话语权。直到2005年阿里巴巴引入了合伙人制度以后，这种状况才逐步有所改观。

另外，华为和联想也属于这种模式。华为的创始人任正非和联想的创始人柳传志在各自公司中，从创业开始就一直扮演着绝对的"老大"角色，对公司的重大决策及战略拥有绝对的话语权。

4.2.2 双子星组合模式

双子星组合是指产品经理和市场经理的双强组合，这是很多产品和技术出身的创始人常采用的一种合伙人组合模式。在双子星组合里，"教和"政"是分离的,创始人负责产品研发,但不擅长市场推广;联合创始人缺乏产品基因,但善于"地面巷战"。

这种组合的优势是分工专业,配合得当,一加一会远大于二;劣势则是如果双子星组合中的任何一位不能摆好自己的定位,天平将倾斜,直至崩塌。

国内三大短视频平台之一快手,应该说是这种模式的代表。程一笑是创始人兼首席产品官。作为"技术大拿",他研发的 GIF 图片工具是快手的前身,也是快手安身立命的基石。后来加入的宿华,身为 CEO,其工作内容侧重于公司的战略制定和市场拓展,换句话说,他也是公司的最高市场推广官(CMO)。两个人角色互补,分工明确,一起创造了辉煌!

4.2.3 三角星组合模式

三角星组合是指 CEO、CMO 和 COO 的经典三角组合,也是我们通常所说的"王+将+相"组合。在三角星组合里,战略、市场和运营权是分离的,创始人同时需要平衡和驾驭内外双线。

这种组合的优势是稳定,劣势是集权程度低,协同效应差。

在三角星组合里,机制重于信任,老大只取名,老二不逾权,老三不妒功。三方实行民主集中制,方能保持稳定和进取。

三角星组合的典型案例是完美日记。它以自己研发的"新国货美妆产品"在"新生代"消费者群体中成功"破圈",迅速走红,并于 2020 年成功上市。它的创始人团队是三位"80 后"男生,他们是大学同学,分别担任公司的 CEO、COO 和 CMO。他们三人分工明确,齐心协力,成功抓住了国内美妆市场上缺乏品牌国货的商机,通过"好国货+新媒体营销"的模式,取得了成功。

4.3 初创企业的股权设计

4.3.1 股权比例决定公司控制权

在公司的股权架构设计中,有一种说法叫**"股权就是公司生命线"**。其实说的是公司管理层要利用股权,保持对公司的绝对控制,如图4-1所示。

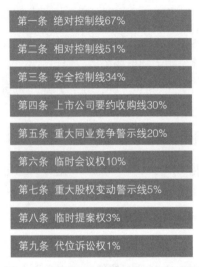

图 4-1 不同股权比例对公司的控制权

在初创企业中,主要涉及图4-1的前三条。

(1)绝对控制线 67%

公司的一些重大事项,如公司股本变化、增资减资、修改公司章程、变更主营项目等,需要获得2/3以上表决权支持。

(2)相对控制线 51%

51%是可以做出简单事项决策的股权比例。简单事项决策通常包括聘用独立董事、选举董事长,以及聘用审议机构、会计师事务所等。

(3) 安全控制线 34%

安全控制线指的是某股东持股数量在 1/3 以上，且其他股东的股份和他没有冲突。那么当面临公司生死存亡时，该股东的话语权就具有一票否决的力量，也叫作**否决性控股**。

案例 4-1　小黄车完结于三次"一票否决权"

在共享单车风靡华夏大地的前几年，小黄车 ofo 是众多投资机构追捧的明星项目。它先后吸引了红杉资本、阿里巴巴、腾讯等巨头投资。后来，因为依靠补贴维持运营的模式，被证明行不通，经营状况急转直下，最后跌落神坛。

在这个过程中，ofo 至少有三次套现离场的机会，都因为股东的一票否决权而错失机会。

第一次：滴滴行使一票否决权，导致日本软银 15 亿美元融资破产。

2016 年 9 月，滴滴成为 ofo 的战略投资人，并在 ofo 董事会中获得了一票否决权。2017 年中，ofo 疯狂"烧钱"铺车和补贴，陷入资金短缺局面。滴滴掌门人程维从日本拉来软银一笔 15 亿美元的融资，融资条件是 ofo 创始人戴威接受滴滴高管进入 ofo 董事会。可是到了同年 8 月份，双方因为 ofo 的经营方针及公司运营产生严重分歧，局面急转直下，戴威和滴滴高层交恶，赶走了滴滴系高管，这下彻底惹怒了程维。程维直接动用一票否决权，拒绝在投资文件上签字，最终导致 ofo 与"马上到手"的 15 亿美元融资擦肩而过。

第二次：ofo 创始人戴威一票否决与摩拜单车合并。

2017 年 10 月，主流投资机构的投资人对共享单车的"烧钱"模式越来越不满，普遍认为此模式不会有长久发展。于是就有了这一幕：ofo 的主要投资人之一——金沙江创投创始合伙人朱啸虎经过一番努力，把摩拜和 ofo 这两家共享单车的"主要玩家"拉到了谈判桌前。谈判进行了一个多月，眼看ofo、摩拜就要合二为一，这时戴威行使了一票否决权，导致合并案"胎死腹中"。此事过后，朱啸虎把所持ofo股份全数卖给了阿里巴巴，成功退出。在之后的媒体采访中，朱啸虎始终拒绝回答与ofo有关的任何问题，看来此案让他心有余悸。

第三次：投资方阿里巴巴一票否决滴滴收购ofo。

2018年4月，滴滴高层推进收购ofo的谈判，当时预计最快可于同年6月官宣收购案成立。到8月份的时候，滴滴与ofo一度已经谈拢，将最后签字。但在关键时刻，阿里巴巴否决了这次收购案。原因在于，如果滴滴成功收购ofo，势必会重启与摩拜合并，而腾讯是摩拜背后的最大股东。这将意味着，两家合并后，共享单车赛道将变成腾讯的天下，对阿里巴巴的支付业务会非常不利。阿里巴巴此举令ofo错失了最后的退出良机，走上了不归路。

由此可以看出，"一票否决权"对于ofo来说可以说是致命的。正如腾讯创始人马化腾指出的，ofo失败的主要原因是有利益冲突的几方投资人，都拥有在生死攸关之时决定公司命运的"一票否决权"。

4.3.2 初创阶段融资的股权设计

作为一名企业经营者，笔者经常跟国内一线投资机构的负责人及高管团队交流一些话题，比如项目的商业模式及股权融资等。在与他们的交流中，笔者总结出了国内一线投资人眼中的初创企业天使轮的股权架构，如表4-1所示。

表4-1　初创企业天使轮的股权架构

公司角色	人数	股权占比
创始人	1	51%~80%

续表

公司角色	人数	股权占比
联合创始人/合伙人	1~2	10%~30%
股权期权池	3~5	10%~20%
天使投资人	1~2	10%~30%

创始人作为公司的"老大",天使轮融资过后,股权占比仍然应该超过对公司拥有相对控制权的股权比例,即超过50%。这样的股权安排,有利于公司主创始人保持对公司的控制权,使得创始人团队的经营决策能够顺利执行。

联合创始人／合伙人的股权比例,不应该等于甚至超过拥有1票否决权的34%股权,否则将对公司的重大决策产生重大影响。

股权期权池是为今后吸引更多的人才加入所做的必要储备。这部分股权可以先由主创始人代持。今后可以通过成立有限合伙企业,把这部分股权注入进去。

天使投资人的角色虽然重要,但是其所占股权在融资初期不能超过拥有1票否决权的34%股权,否则将对公司的重大决策产生重大影响。

4.4 初创阶段需要避开的那些坑

4.4.1 股权未在工商局登记

根据《公司法》的规定,未在所在地工商局登记注册的股权,不能视为真正的股权,对应股东也不能享有法律规定的股东可以享有的一切权益。

案例 4-2 合伙人出资是股权还是借款？

这是发生在笔者一个创业者朋友身上的真实故事。故事主角是公司创始人小A，他说服了前同事小B一起创业，做跨境电商业务。小B出了100万元现金，并写了一张"此款是借款给新公司"的借条让小A签字。小A签了字，并口头承诺给小B新公司40%的股权。但自始至终，他们都没有到工商局正式办理股权登记手续。

新公司成立后，由于两人没有跨境电商的运营经验，业务一直没有开展起来。1年后，两人投入的200万元资金全部耗尽，小A认为公司只能清算。这时小B提出：希望小A退还他当初出资的100万元，并说那是他给公司的借款。而小A则坚持那是小B作为股东的出资款，没必要偿还。两人交涉未果，后来小B把小A告上了法庭。

最后法院裁决：小A坚持的主张，即该款项为小B作为股东对公司的投资款不成立，理由是该股权并未到所在地工商局登记注册，不予承认。而小B主张的此款为借款，因为有借条作为证据，法院予以承认此借款成立，判决小A退还小B100万元。接到法院判决书的小A欲哭无泪。

4.4.2 股权均分

当公司有两个创始人且两个人分别持股50%，或者公司有三个创始人且三个人分别持股1/3时，我们把这种股权结构称作股权均分。

股权均分给公司经营带来的最大风险是，各方股东会因利益等各种因素，互相掣肘，导致无法形成统一决策。

案例 4-3 小米公司创始人雷军当初的"三人公司"

雷军在进入金山（即金山软件有限公司）并取得事业成功之前，也有过创业失败的经历。

他当年在武汉大学读书时，与两位同学合资创办了一家公司，主要是销售声卡和计算机耗材。三人当时都是学生，没有经营公司的经验。三人股权均分，各占 1/3。由于股权占比相同，能力接近，在公司经营方向上，三人各持己见，互不相让，很难形成统一决策。而他们的主力产品声卡，因为价格过高等因素没有打开市场。最后，公司资金耗尽，只得"关门大吉"。

4.4.3 股权被资本方稀释过多

公司在创立初期如果能够吸引到外部投资，那么这将在资金方面对公司发展起到积极作用。但是，需要注意的是，如果在创立初期，只注重吸引资金，而导致公司股权被外部资本稀释过多，将会给公司发展带来不利影响。过度让渡股权后，甚至会出现创始团队丧失公司控制权的情况。

案例 4-4　A 公司的融资是否会导致创始股东丧失公司控制权？

生产新国货奶茶品牌的 A 公司由三名"90 后"——张三、李四和王五联合创办，他们三人的持股比例分别为 60%、20% 和 20%。国内一线投资机构 B 公司看好国货新饮品赛道和 A 公司，希望投资 A 公司，并给出了 5000 万元的天使轮估值。B 公司希望出资 2000 万元，占股 40%。A 公司此时正需要资金开发新产品，三位创始人觉得这是一个好机会，于是便同意了对方的提案。

此次天使轮融资过后，A 公司各股东的股权比例发生了变化，张三、李四和王五的持股比例分别为 36%、12% 和 12%。

此次引资的结果是，虽然创始人团队的股权合计比例（60%），仍然保持了对公司的相对控制权，但是存在以下三个风险。

（1）天使投资人的角色虽然重要，但其所占股权不能超过拥有 1 票否决权的 34% 股权。此案例中天使投资人持股 40%，今后将会对公司的重大决策产生重大影响。

（2）案例中的任何一个创始人联合外部资本时，股权合计比例都超过了 50%，即拥有公司相对控制权的股权比例。今后这也许会成为公司"股权之争"的一个隐患。

（3）在创业初期的天使轮就已经让渡了 40% 的股权，今后进来的其他轮次（A 轮、B 轮、C 轮、D 轮等）的外部资本可以获得的股权份额会变得很小，因而其他外部资本投资的动力也将减小。这样一来，此次融资就限制了 A 公司以后轮次融资的可能性。

思考

一家初创企业在最初融资（如天使轮）时，让渡多少股份合适呢？创始人纠结于公司的估值，与投资人长时间地讨价还价是否正确呢？

参考答案

一般来讲，初创企业在最初融资时，释放股权多在 10%~20%。因为如果在开始阶段就释放过多股权，以后轮次融资时，公司可让渡的股权份额将变得越来越小，不利于今后吸引外部投资者。股权是公司最宝贵的资产，是稀缺资源，毕竟只有那 100% 的份额。

另外，不建议初创公司的创始人在早期融资活动中，因过于拘泥于公司估值，而与投资人长时间地交涉。因为市场千变万化，公司如何生存下去是第一要务。外部资金对初创企业的生存尤其重要。与其纠结估值，不如在出价基本合理的范围内，迅速拿到资金，快速发展业务。等公司有所发展、做大做强之时，公司估值自然会水涨船高。这样在以后融资轮次中，自然可以提高估值，获得更大的回报。

第5章 合伙的资本策划

CHAPTER 5

世界上最早的公司是荷兰的东印度公司,成立于1602年,距今已有400多年的历史。公司诞生之后不久就出现了资本交易市场,可见资本市场在公司发展的历史进程中一直都扮演着重要角色。

资本市场的作用主要体现在两个方面。一方面是它具备帮助上市公司以低成本募集资金的功能。上市公司通过在资本市场公开发行股票,从广大公众投资者(包括机构和个人投资者)中获得融资,从而为公司的发展提供充足的资金保障。另一方面是它解决了股权的"流动性"问题。在公司发展的不同阶段,不管是公司内部由创始人及其团队构成的合伙人,还是来自外部由投资机构构成的合伙人,都有进入或退出的"流动性"需求。资本市场通过定价和交易,为股东所持股权提供了交易场所。

从以上两个方面来看，合伙人制度与资本市场有着天然的密不可分的关系，只有两者无缝衔接，才能使合伙模式形成完整的闭环。

5.1 中国资本市场概观

1990年11月26日，上海证券交易所（以下简称"上交所"）正式开业，标志着中国资本市场拉开了帷幕。从那之后的短短30多年中，中国资本市场经历了不断深化改革。

5.1.1 中国资本市场的构成及特点

首先，我们来回顾一下最近几年中国资本市场上发生的重大事件。

2019年6月13日，科创板在上交所正式开市。科创板的定位是聚焦服务"硬科技"企业。具体来讲就是优先支持符合国家科技创新战略、拥有关键核心技术等先进技术、科技创新能力突出、科技成果转化能力突出、行业地位突出或者市场认可度较高的科技创新企业发行上市。科创板的落地，意味着我国资本市场进入了全面深化改革的新阶段。

2021年2月5日，证监会批准深圳证券交易所（以下简称"深交所"）的主板与中小板合并，成为全面推进注册制改革的一个重要标志。

2021年11月15日，北京证券交易所（以下简称"北交所"）正式开市。北交所的定位是发展"专精特新"中小企业，即服务创新型中小企业，深化新三板改革。

接下来笔者将从不同的角度来分析中国资本市场的特点。

一、中国资本市场的构成

在经历了以上一系列资本市场改革之后，目前中国资本市场分为交易所市场（主板、创业板、科创板，即一板和二板；北交所，即新三板精选层）、场外市场（全国中小企业股份转让系统，即新三板创新层和基础层）、区域性股权交易市场（四板）和产权交易市场（五板），如图 5-1 所示。

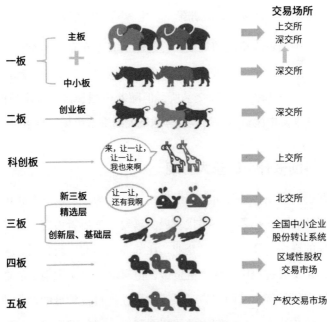

图 5-1　中国资本市场的构成

二、中国资本市场的特点

1. 高速发展，不断改革、进化的有机体系。

从上交所诞生至今的 30 多年中，中国资本市场伴随着中国经济的高速发展，一直处于快速发展、不断升级迭代的状态。同时，这个发展过程伴随着金融和资本各方面的创新和改革，形成了一个"共存共赢"的有机共同体，在全世界的资本市场发展史上也是绝无仅有的。

2. 服务不同规模的优良企业的融资平台。

经过多年发展，中国资本市场形成了上交所的**"主板+科创板"**、深交所的**"主板+创业板"**和北交所的**"专精特新"**企业平台这"三大支柱"，满足了不同发展阶段、不同体量的各类型优质企业的融资需求。

3. 中国资本市场成为亚洲第一，世界前三的资本市场。

目前，中国资本市场的规模已经超越了日本东京证券交易所，成为亚洲最大的资本市场。纵观全球，虽然中国资本市场的交易规模仍小于纽约证券交易所和伦敦证券交易所，但随着中国经济持续高速的发展，在不远的未来，中国资本市场成为全球最大的资本市场，只是时间问题。

5.1.2 科创板开市的重大影响

科创板的出现，是公司上市由审核制转变为注册制，深化中国资本市场改革的需要，也是顺应时代发展的需要。就后者而言，近年来国内涌现出来的许多"硬核技术"企业，比如高端制造、新材料、生物制药等企业，在发展过程中需要大量资金，但只靠自身实力很难从市场上融到企业发展所需资金。国家为了保持我国在高科技领域的领先地位，需要助力"硬核技术"企业解决发展资金问题，但传统形式的政府补贴等形式不能完全满足该类型企业当下发展的需要。科创板的设立，正是充分利用资本市场的力量解决这一问题。从开市到现在（2022年）三年左右的实际运行成果来看，科创板成功地实现了最初的设想。

科创板虽然对申请上市的"硬科技"企业，在营收、利润水平等方面的要求，相较主板资本市场的要求更为宽松，但对公司治理、经营稳定性、持续盈利能力等方面有着较高的要求。笔者把在主板和科创板上市的条件做了整理，如表5-1所示。

表 5-1　发行上市条件对比（节选）

对比项	主板	科创板
主体资格	持续经营3年以上，**经国务院批准的除外**	持续经营3年以上
组织机构	依法建立健全的股东大会、董事会、监事会、独立董事、董事会秘书制度等	组织机构健全且运行良好
独立性	（1）资产完整，业务及人员、财务、机构独立； （2）与控股股东、实际控制人及其控制的其他企业间不存在同业竞争或显失公平的关联交易	（1）资产完整，业务及人员、财务、机构独立； （2）与控股股东、实际控制人及其控制的其他企业间不存在对发行人**构成重大不利影响**的同业竞争，不存在**严重影响独立性**或者显失公平的关联交易
股权清晰	**股权清晰**，控股股东和受控股股东、实际控制人支配的股东持有的发行人股份不存在重大权属纠纷	控股股东和受控股股东、实际控制人支配的股东持有的发行人股份权属清晰，不存在导致控制权可能变更的重大权属纠纷
稳定性	最近3年主业、董事、高管无重大变化，实际控制人无变更	最近**两年**主营业务、董事、高管和**核心技术人员**无重大不利变化，实际控制人无变更

5.1.3　北交所带来的新机遇

一、北交所的设立背景

（1）资本市场更好地支持中小企业发展壮大的内在需要。

（2）落实国家创新驱动发展战略的必然要求。

（3）新形势下全面深化资本市场改革的重要举措。

二、北交所的上市条件

（1）企业在北交所发行上市的条件（财务指标）如表5-2所示。

表 5-2　北交所上市条件（财务指标）

标准定位	市值及财务指标条件（满足其中一项）
市值+净利润 （盈利）	（1）市值≥2亿元； （2）最近两年净利润均≥1500万元或最近一年净利润≥2500万元； （3）加权平均ROE平均≥8%
市值+收入+ 经营活动 现金流 （成长）	（1）市值≥4亿元； （2）最近两年营业收入平均≥1亿元； （3）最近一年营收增长率≥30%； （4）最近一年经营活动现金流净额为正
市值+收入+ 研发投入 （产业化）	（1）市值≥8亿元； （2）最近一年营业收入≥2亿元； （3）最近两年研发投入合计占最近两年营业收入合计比例≥8%
市值+研发 投入 （研发）	（1）市值≥15亿元； （2）最近两年研发投入合计≥5000万元

（2）企业在北交所发行上市的条件（运营治理方面要求）如表5-3所示。

表 5-3　北交所上市条件（运营治理方面要求）

	具体条件
主题条件	发行人应当为全国股转系统（即新三板）挂牌满一年的**创新层公司**
股权 分散度	**最近一年末净资产≥5000万元。** **公开发行**：股份≥100万股，发行对象≥100人。 **公开发行后**：股本总额≥3000万元，股东人数≥200人。 公众股东持股比例≥股本总额的25%。 股本总额超过4亿元的，公众股东持股比例≥股本总额的10%
负面清单	（1）最近36个月内，发行人、控股股东、实际控制人存在刑事犯罪或重大违法行为； （2）最近12个月内，发行人、控股股东、实际控制人、董监高受到行政处罚或公开谴责； （3）发行人、控股股东、实际控制人、董监高因涉嫌犯罪被立案侦查，或涉嫌违法违规被立案调查，尚未有明确结论；

续表

	具体条件
负面清单	（4）发行人、控股股东、实际控制人被列入失信被执行人名单且情形未消除； （5）未按照《中华人民共和国证券法》规定披露年度报告和中期报告； （6）其他对发行人经营稳定性、持续经营能力具有重大不利影响的情形； （7）影响发行人经营稳定的其他情形
其他条件	有表决权差异安排的，平稳运行超过一个完整会计年度

三、发行上市审核规则

国内不同资本市场的上市财务条件对比，如表5-4所示。

表5-4 不同资本市场的上市财务条件对比

标准定位	创业板	科创板	北交所
市值+净利润	（1）最近两年净利润均为正； （2）累计净利润≥5000万元	（1）市值≥10亿元； （2）最近两年净利润均为正； （3）累计净利润≥5000万元	（1）市值≥2亿元； （2）最近两年净利润均≥1500万元或最近一年净利润≥2500万元； （3）加权平均ROE平均≥8%
市值+净利润+收入	（1）市值≥10亿元； （2）最近一年净利润为正； （3）营业收入≥1亿元	（1）市值≥10亿元； （2）最近一年净利润为正； （3）营业收入≥1亿元	无
市值+收入+经营活动现金流	无	（1）市值≥20亿元； （2）最近一年营业收入≥3亿元； （3）最近三年经营活动产生的现金流量净额累计≥1亿元	（1）市值≥4亿元； （2）最近两年营业收入平均≥1亿元； （3）最近一年营收增长率≥30%； （4）最近一年经营活动现金流净额为正

续表

标准定位	创业板	科创板	北交所
市值+收入+研发投入	无	（1）市值≥15亿元； （2）最近一年营业收入≥2亿元； （3）最近三年研发投入合计占最近三年营业收入合计比例≥15%	（1）市值≥8亿元； （2）最近一年营业收入≥2亿元； （3）最近两年研发投入合计占最近两年营业收入合计比例≥8%
市值+研发投入（技术优势）	无	（1）市值≥40亿元； （2）符合科技版定位需具备的技术优势或条件（医药企业需至少有一项核心产品获准开展二期临床试验）	（1）市值≥15亿元； （2）最近两年研发投入合计≥5000万元
市值+收入	（1）市值≥50亿元； （2）最近一年营业收入≥3亿元	（1）市值≥30亿元； （2）最近一年营业收入≥3亿元	无

5.2 合伙与IPO上市

5.2.1 IPO上市的利弊

IPO上市，对于任何一家企业来说，都是一个重大的里程碑，也是企业坚持诚信经营、保持高收益体质而实现的一个阶段性成果。同时，IPO上市不应该成为企业经营的最终目的，而应该是企业迈向更高经营目标的一个转折点。

具体来说，IPO上市可以给企业带来以下三点益处。

（1）企业会更具影响力和公信力。

由于 IPO 上市对于企业的营收、利润等方面有较高要求，并且必须由中国证监会审核批准通过方可上市，所以，成功上市的企业原则上都是盈利能力良好的优秀企业。成功 IPO 上市对企业来说，不仅有助于树立良好的公司形象，还可以提高公司在社会上的影响力和公信力。

（2）企业可以低成本从资本市场融资。

IPO 上市以后，企业可以在二级市场通过对公众股东发行股票募集资金，只需在盈利时给股东分红（公司也可以约定不分红），而无须向股东支付利息。这样的融资方式，比起向银行贷款和对外发行公司债券等传统的融资方式，融资成本更低。

（3）企业可以获得更多的优秀人才和合伙伙伴。

前文中提到，成功 IPO 上市，可以助力企业树立良好的公司形象，形成公信力。随之而来的，会吸引更多各领域的优秀人才和上下游的合作伙伴，他们为了有更好的发展和更多的合作，而加入公司的阵营中。

IPO 上市给企业带来的不利之处主要有以下三点。

（1）为了上市需要花费大量的时间和费用。

准备 IPO 上市的相关资料，是一个有很高要求且庞大的"工程"（项目）。首先，企业需要组建一个筹备上市的专业团队，与外部专家合作，精心准备资料。准备时间短的也需要数月，长的话可能需要数年。其次，为了 IPO 上市，企业需要花费很大的费用。根据国内一家知名证券公司的调查报告，拟 IPO 上市的企业，根据公司在营收及利润规模、融资金额规模等方面的不同，上市相关费用高达 3000 万～5000 万元。

（2）上市后企业经营容易受到市场的干扰。

企业一旦成功 IPO 上市，就变成了一家公众公司。根据证监会的要求，上市企业要定期在二级市场向公众股东公开公司的经营状况，即公开各种财务报表。如果公司经营业绩下滑，公众股东由于担心公司盈利能力而选择卖出股票,就会引发股价波动。另外,上市公司为了保持股价稳定,往往会对可能产生长期收益的设备投资等项目变得慎重,而更加注重短期盈利。

(3)股权分散的企业上市后有被恶意并购的风险。

企业 IPO 上市后,并非万事大吉,也会面临各种风险。除了前文中提到的因经营业绩不佳而导致的股价波动风险之外,还有一种风险就是当公司股东的股权分散,而且公司管理层没有掌握公司控制权时,容易引发其他大股东的恶意并购。

案例 5-1　万科股权之争背后的恶意并购

2015 年,由"宝能系"引发的万科股权之争,其实质是前者对后者的恶意并购,也是中国 A 股市场历史上规模最大的一场公司并购与反并购攻防战。而引发这场股权之争的隐患在于万科的股东股权过于分散,并且由万科管理层成员构成的股东没有掌握公司的控制权。

自 2000 年以来,万科的最大股东一直是央企华润集团,而且两者多年来合作顺利。

2015 年 1 月,前海人寿("宝能系")通过证券交易所买入万科 A 股股票,根据披露的信息,前海人寿于 2015 年 1 月至 7 月都有从二级市场不断购入万科股票。到 7 月时,"宝能系"已持有万科股票达 25.04%,超过了举牌收购的 25% 的持股标准,并成为其第二大股东,距离控股股东地位仅一步之遥。

2015 年 12 月,万科董事长王石和总经理郁亮分别发表公开声明,拒绝"宝能系"成为其第一大股东及其对万科的并购意图。之后,"宝能系"没有放弃并购,仍然持续从二级市场购入万科股票,意图取得第一大股东的地位。"宝能系"与万科的股权之争愈演愈烈,进入白热化状态。

此后,证监会等政府相关监管部门介入,和各方股东的角力不断上演,

2017年6月9日晚，万科另一个股东——中国恒大，转让14.07%万科股权予另一家股东——深圳地铁，终破"万宝之争"的僵局。此次转让股权后，深圳地铁持股由15.31%变为29.38%，超过了"宝能系"的持股比例，正式成为万科第一大股东，万科第一大股东从华润再次易主。

至此，"宝能系"对万科的恶意收购尘埃落定，最终以前者的失败收场。

5.2.2 VIE架构

一、VIE架构的定义

VIE架构，又称协议控制架构，属于常见的海外股权架构中的红筹架构的范畴。VIE（Variable Interest Entity）即可变利益实体，又称"协议控制"，是指外国投资者先在中国境外成立一家特殊目的的企业（Special Purpose Vehicle，SPV），然后由该特殊目的企业在中国境内成立一家外商独资企业，由后者通过一系列协议安排控制境内运营实体的模式。VIE架构是一种**可取得境内运营实体经济利益，但无须收购境内运营实体股权的投资结构。**

二、VIE架构产生的原因

VIE架构出现在国内主要有以下两个原因。

原因一：国内对某些行业的外商独资企业设立的限制。

国内对于电信、科技等行业的外商独资企业设立存在一定的限制，使得该行业的外资企业不得不采用在境内设立外商独资企业，并通过协议方式控制境内运营主体，以符合相关限制条款的要求。

原因二：境内企业赴海外上市融资的需求。

在科创板诞生之前，境内一些企业在营收、利润水平等方面未达到国内主板市场的上市要求时，便通过搭建VIE架构，既不违反国内监管机构对外资设立企业的限制，又可以满足海外资本市场对于公司上市的要求，最终实现登陆海外资本市场，达成上市融资的目的。

三、VIE 架构的搭建步骤

VIE 架构的搭建分为以下五步，如图 5-2 所示。

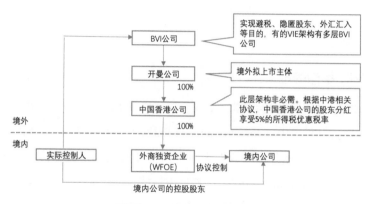

图 5-2　VIE 架构的搭建步骤

第一步：搭建海外第一层权益主体——BVI 公司，通常由境内运营实体（即运营公司）的实际控制人设立。BVI（British Virgin Island），即英属维京群岛，由于在该地区设立公司，手续非常简便，且享受免税优惠政策，因此国内企业赴海外上市时，其实控人一般会先设立 BVI 公司。

第二步：搭建海外第二层权益主体——开曼公司，一般由上述 BVI 公司与 VC、PE 及公众股东共同设立，作为在海外上市的主体。选择在开曼设立公司主体，是由于该地区与 BVI 一样，使用法律同属英美法系，更容易被国际投资人、海外监管机构及交易所理解和接受。加之当地政府不收取任何税费，资金的进出不受任何规制，操作灵活度极高，符合各类私募投资者的要求，是后者运作企业在海外上市的首选。国内知名的互联网企业，如新浪、京东等采用的就是该模式，成立开曼公司。

第三步：搭建海外第三层权益主体——中国香港公司。由上述开曼公司在中国香港设立100%外商独资企业。该企业实际上是一家壳公司，设立目的是享受香港外商独资企业股东分红的5%所得税优惠政策。

第四步：由上述中国香港公司在大陆设立境内外商独资企业，即WFOE（Wholly Foreign Owned Enterprise）。

第五步：上述WFOE通过与境内公司签订协议，控制后者的经营并获得其经营的收益。通过签订一系列的协议，包括《独家购买权协议》《独家咨询与服务协议》《股东表决权委托协议》《配偶同意函》等，WFOE实现对境内运营主体的完全控制。

案例5-2 火花思维采用VIE架构，开启赴美上市之路

北京火花思维教育科技有限公司成立于2016年12月12日，是国内一家专注于儿童思维训练及综合素质培养的公司，主要产品有逻辑思维、中文素养、火花编程等。火花思维的课程由专业教研团队自主研发，采用小班直播课、真人互动AI课的方式授课。

2021年6月22日，火花思维向SEC（即美国证券交易委员会）提交了IPO招股说明书。通过研读该说明书，笔者发现该公司采用的就是典型的VIE架构，如图5-3所示。

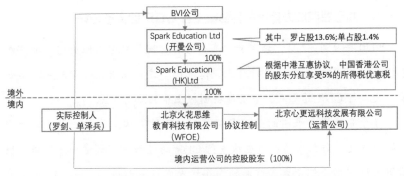

图5-3 火花思维赴美上市VIE架构

5.2.3 CDR

一、CDR 的定义

CDR（Chinese Depository Receipt）即中国存托凭证，是指由存托人签发、以境外证券为基础在中国境内发行、代表境外基础证券权益的证券。通常，在境外（包含中国香港）上市的公司将部分已发行上市的股票托管在当地保管银行，并发行由中国境内的存托银行发行、在境内 A 股市场上市、以人民币交易结算、供国内投资者买卖的投资凭证，从而实现股票的异地买卖。

二、存托凭证与股票的异同

存托凭证与股票的相同之处是，均为权益性证券。它们的不同之处主要有以下两点。

第一，存托凭证的参与主体增加了存托人和托管人，分别承担存托职能和托管职能。

第二，存托凭证的持有人尽管可以实质上享受基础股票的分红、投票等基本权利，但由于不是在册股东，因而不能直接行使股东权利，须由存托人代为行使。

案例 5-3　九号智能成为首家在科创板发行 CDR 的上市公司

2020 年 9 月 22 日，证监会发布公告称，同意九号有限公司（即"九号智能"）于科创板公开发行存托凭证注册。这意味着九号智能成了第一家通过发行 CDR 的形式，成功在科创板上市的红筹企业。

九号智能由于采用的是 VIE 架构和 AB 股架构，基于公司这种复杂的架构情况，当初申请在科创板发行 CDR 的过程中，颇费一番周折。据其招股说明书介绍，九号智能拟向存托人发行不超过 7040917 股 A 类基础股票，作为拟转换为 CDR 的基础股票，占 CDR 发行后总股本的比例不低于 10%。基础股票与 CDR 之间按照 1 股 /10 份 CDR 的转换比例进行转换，转换 CDR 的份数为 70409170 份。

5.3 企业的 IPO 之路

5.3.1 IPO 之路

一家企业从创立到 IPO 上市，一般要经历一个漫长的过程。由于企业的 IPO 之路充满了不确定性及各种风险，因此最后能够抵达上市"彼岸"的企业，其实是凤毛麟角。虽然 IPO 对中小企业来说比较遥远，但企业为了将来能有更大的发展，需要在创业初期就做好资本筹划。

下面这个案例，涉及公司股权架构顶层设计、设立员工持股平台、内外股东合伙计划、公司内部裂变创业、股权并购及置换、IPO 上市等不同阶段，笔者希望借此让大家对公司发展的"全生命周期"有一个全面而深入的了解。

第一阶段：三个人合伙成立公司，并预设员工持股平台。

X 公司成立于 2013 年 1 月，注册资本为 1000 万元，创始团队由股东甲、乙、丙三个自然人组成，分别担任 CEO、CTO 和 CMO，持股比例分别为 80%、10%、10%。

2013 年 6 月，X 公司新设立员工持股平台：Y 合伙企业（有限合伙）。其中甲为 GP，持股比例为 2%；丁为甲的哥哥，为 LP（注：丁未在 Y 公司任职，暂时代持股份，以后逐渐将股权转让给 X 公司的核心员工），持股比例为 98%。

2013 年 8 月，自然人大股东甲将其所持有的 X 公司 10% 的股权转让给了 Y 合伙企业，股权转让完成后，Y 合伙企业在 X 公司中的持股比例为 10%。由于 X 公司的净资产总额低于 1000 万元，故本轮股权转让未涉及股东缴纳个人所得税。至此，自然人大股东甲持股合计为 70.2%（直接持股 70%+ 间接持股 10%×2%）。预设员工持股平台的 X 公司的股权架构如图 5-4 所示。

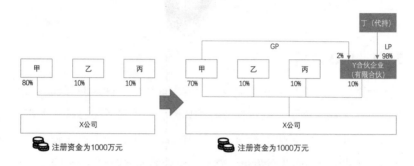

图 5-4 预设员工持股平台的公司架构

第二阶段：成立控股公司，确定拟上市公司，并成立个人独资公司。

2014 年 2 月，自然人大股东甲将自己持有的 X 公司 20% 的股份转让给自然人茂（注：茂为甲的女儿，刚刚从海外学成归来，将来准备女承父业），并让其担任法定代表人。同时，大股东甲委托自然人丑（注：丑为甲的侄子）成立个人独资公司 S，并将其个人持有的 X 公司 10% 的股份转让给 S 公司。

请大家思考一下，大股东甲为何成立个人独资公司呢？

这是因为个人独资企业可以作为日后实现大股东阶段性变现的载体，其股权转让（给投资方等新股东）而产生的个人所得，在某些地区可以享受"核定征收"的税收优惠政策。

2014 年 3 月，X 公司制订了未来 5 年上市计划。为了今后更好地做税务筹划，以及保持对各个子公司的控制，X 公司成立了控股公司 M（拟持有 X 公司 60% 的股份），股东包括自然人甲、乙、丙、茂四人。四人在 M 公司的持股比例分别为 65%、15%、15% 和 5%。乙和丙两人在 X 公司分别持股 10%，各自将 1% 股权转让给大股东甲，获得溢价 30 万元。同时，乙、丙各自将所持 X 公司其他的 9% 股权转让给 M 公司，变为间接持有 X 公司相应股权。

X 公司成立控股公司和个人独资公司后的股权架构如图 5-5 所示。甲、乙、丙在 X 公司的持股比例分别为 42%、9%、9%，全部转让给新设的控股公司 M 公司。转让完成后，M 公司拥有 X 公司的 60% 股权。

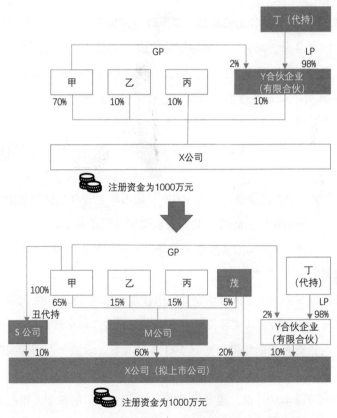

图 5-5　成立控股公司和个人独资公司后的股权架构

甲、乙、丙分别在 M 公司持股比例为 42%÷60%=70%（注：42% 中含乙、丙转让的 2%）、9%÷60%=15%、15%。然后，甲从自己所持的 70% 股权中，转让 5% 的股权给茂。

至此，大股东甲在 X 公司的持股比例为：65%×60%+2%×10%（注：2%×10% 为甲在 Y 合伙企业中持股比例换算成间接在 X 公司持股份额）=39.2%。虽然甲在 X 公司的持股比例比最初下降了，但由于甲在 M 公司是拥有绝对控股权的第一大股东，最终甲通过 M 公司实现了控制 X 公司的目的。同时，乙和丙在 X 公司的股权占比分别为 9%（即 15%×60%）。

第三阶段：天使轮融资成功，某风险投资机构（VC）投资入股。

2015 年 4 月，X 公司经过一年的发展，经营走上正轨，营收和利润增长迅速。某风险投资机构 L 看好 X 公司的商业模式和发展前景，希望投资 X 公司。双方经过多轮商议，达成引进天使轮融资的一致意见：X 公司同意 L 以 300 万元，获得 X 公司 10% 的股权（注：股东们经过协商，决定由 S 公司将所持 X 公司的 10% 股权转让给 L），X 公司投后估值为 3000 万元。

S 公司（个人独资公司）在 100% 持股人甲套现并依法依规缴税两个月后，在工商局注销。此时 X 公司股权架构如图 5-6 所示。

综上所述，S 公司的实际作用是帮助公司创始人实现"阶段性变现"的需求。

请思考 S 公司（个人独资企业）因让渡所持 X 公司 10% 的股份而获得 300 万元资金后，其实际控制人甲应该按照多少税率缴纳税金？

个人独资企业的年销售额在 500 万元以下，缴纳个人所得税时，可以采用"核定征收"方式，即所在地税务机关根据该纳税企业所处行业，确定相应的税率后征税，通常低于个人所得税 20% 的税率。申报企业需要与当地税务机关确认最新的相关税收优惠政策。

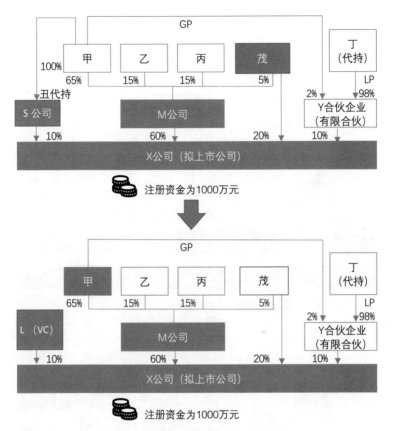

图 5-6 天使投资机构（VC）出资入股

第四阶段：开启第一期内部合伙计划。

2016年4月，X公司开启第一次内部合伙计划。Y合伙企业的代持人丁，将其代持的全部股份转让给X公司的20名高管和核心员工，丁退出员工持股平台。此时X公司的账面净现值为3850万元。员工入股价格为2.0元/股，中间差额部分 [（3850÷1000-2.0）×10%×1000=185（万元）] 进入X公司的股份支付，根据《企业会计准则第11号》的规定，将减少X公司的利润金额，业务实操中会计按以下方式记账（单位：万元）。

借：管理费用——工薪薪金 185.0

贷：资本公积——其他资本公积金 185.0

同时，大股东甲为了隔断风险，把 Y 合伙企业的 GP 由自然人甲转让给新设的 E 公司（注：由甲 100% 控制的个人独资公司）。第一期内部合伙人计划股权架构如图 5-7 所示。

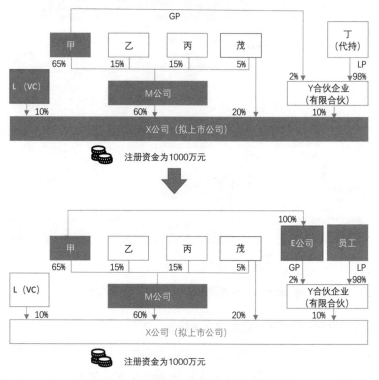

图 5-7　第一期内部合伙人计划股权架构

此次自然人股东甲转让其所持 Y 合伙企业的全部股份（2%）给 E 公司是否涉税？

答案是不涉税。前提是 Y 合伙企业在本次转让之前需要到当地工商局变更合伙协议，在合伙协议中明确写明以下条款：本合伙企业为企业内部员工的持股平台,仅限内部转让,且不对外出售。

第五阶段:实施经销商合伙计划。

X 公司为了实现自身的快速发展,同时也为了与上下游企业形成合作共赢的"利益共同体",效仿国内某知名白酒企业的经销商合伙模式,把经销商变成外部合伙人。于 2017 年 1 月,X 公司正式启动了经销商合伙计划。X 公司股东会决定,新设 F 合伙企业(有限合伙),在 X 公司的持股比例为 10%,通过增资扩股的方式获得。同时,现有各股东的持股比例同比稀释。E 公司(甲 100% 控制的个人独资公司)成为新设 F 公司的 GP,占股 1%;10 家经销商为 LP,占股 99%,其股份由甲的侄女代持,如图 5-8 所示。

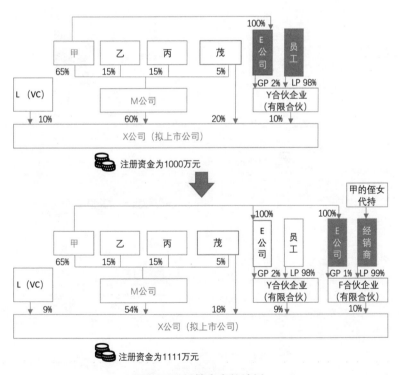

图 5-8　经销商合伙计划

图 5-8 中，F 合伙企业的 LP 不是由 10 家经销商直接持股担任，而是通过甲的亲属代持，其主要目的是方便对经销商的动态管理。例如，对于业绩未达标的经销商，将从 LP 名单中清除，而递补业绩好的经销商成为 LP。采用代持方式，则不需要每次 LP 发生变更时，到当地工商部门做变更手续。

第六阶段：X 公司高管内部创业，成立 A 子公司。

2017 年 2 月，X 公司为了激发组织内部活力，鼓励有能力的员工内部创业，把一个新项目从 X 公司现有业务中剥离出来，新设立为 A 子公司，有创业意愿且有业务能力的研发副总监张三、营销副总监李四及运营副总监王五三人成为新公司大股东，持股比例合计为 60%。M 公司参股，占股 40%。A 子公司的股权架构如图 5-9 所示。

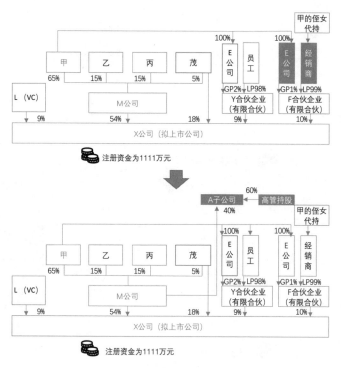

图 5-9　高管内部创业新设 A 子公司

X公司承诺，给予A子公司三年保护期，即在脱离母公司三年后，如果经营不善，其高管团队可以回到X公司，且待遇不变。此举解决了A子公司高管们的后顾之忧。

另外，X公司还承诺，当A子公司销售额达到1亿元，且利润额实现2000万元时，X公司将收购A子公司，即对其采取"先参后控"的模式。如果A子公司三年后经营亏损，X公司则按照其账面净资产扣除应付账款的金额收购A子公司。

第七阶段：私募基金（PE基金）投资入股X公司。

由于X公司自创立以来，以每年超过30%的速度迅速增长，同时具备良好的盈利能力，且有IPO上市计划，因此备受资本市场青睐。

2017年8月，某著名私募基金N（PE基金）十分看好X公司的发展前景，希望出资入股。双方经过商议，最后决定：由N（PE基金）出资2000万元，获得X公司10%的股份，以增资扩股方式取得。至此，X公司估值达到2.0亿元，注册资金由1111万元增至1444.3万元。N的2000万元出资，有333.3万元进入X公司注册资金，1666.7万元进入X公司的资本公积科目。

由于X公司的高成长性和良好的盈利能力，且有IPO上市计划，资本市场中希望对其投资的投资机构趋之若鹜。在此不平衡的供需背景下，N（PE基金）没有要求X公司与其签订未来三年的业绩对赌协议。此时X公司的股权架构如图5-10所示。

第八阶段：内部裂变成立B子公司。

2017年10月，X公司中的锂电池业务部发展良好，销售额已达3000万元，净利润达450万元。之前实施的虚拟股权激励计划已经无法满足该部门员工的需求。X公司为了激发该部门全体员工的积极性，在与核心员工协商后，决定把该事业部独立出来，成立B子公司，并把相关资产剥离出母公司。

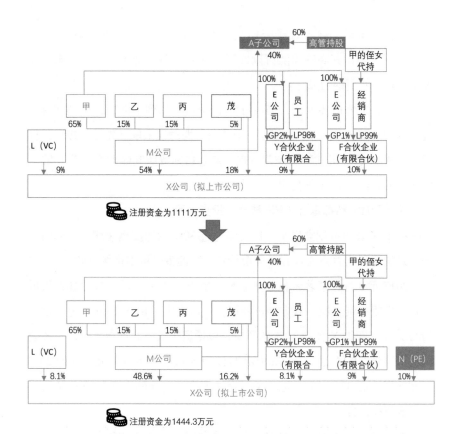

图 5-10 私募基金投资入股 X 公司

B 子公司注册资金为 1000 万元,由原事业部总经理担任法人代表,与另外三名核心骨干员工共认缴出资 300 万元,占股 30%;X 公司认缴出资 700 万元,占股 70%(由于新设 B 子公司与 X 公司有战略协同效应,故由后者控股)。

X 公司不直接参与 B 子公司的经营,B 子公司的利润目标和分红比例如表 5-5 所示。

表 5–5　B 子公司的利润目标与分红比例

净利润（万元）	分红比例（X 公司）
600≤X<1000	30%
1000≤X<1500	40%
X≥1500	50%

另外，X 公司还承诺，将来在其股改前以溢价收购 B 子公司核心员工持有的 30% 的股份。由于 X 公司发展良好，且有 IPO 上市计划，因此该计划获得了原事业部包括核心员工在内的全体员工的支持。新的股权架构如图 5-11 所示。

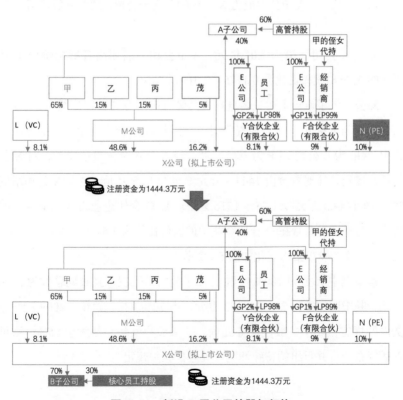

图 5–11　新设 B 子公司的股权架构

第九阶段：X 公司收购 A 子公司。

A 子公司业务发展良好，2017 年实现销售额 6000 万元，净利润 900 万元。

2018 年 3 月，X 公司根据公司整体发展战略需要，决定提前收购 A 子公司 100% 的股份，此时经测算，A 子公司估值为 2700 万元。X 公司按照溢价 2800 万元将其收购，支付其高管的对价为 2800 万 ×60%=1680 万元。其中，504 万（1680 万 ×30%）元用现金支付，剩余部分为价值 1175 万（1680 万 ×70%）元的 X 公司的股权。

同时，X 公司以 1120 万元现金收购 M 公司所持 A 子公司的 40% 的股权。收购完成后，A 子公司成为 X 公司的全资子公司，两个月后注销 A 子公司。

此时 X 公司估值为 7.01 亿元，A 子公司三名原高管所持价值 1175 万元的 X 公司股权占比为 0.1175÷7.01=1.676%。

X 公司为了避免上述三名自然人高管直接作为 X 公司的股东，决定让三名高管与 E 公司（个人独资公司）共同新设 O 合伙企业（有限合伙），其中，GP 为 E 公司；LP 为三名高管。经 X 公司全体股东同意，对 X 公司进行增资，注册资金由 1444.3 万元增至 1516.5 万元（由于 X 公司增资 5%，故 1444.3 万元 ×1.05 = 1516.5 万元）。O 合伙企业占 X 公司 4% 的股份，此时三名高管在 O 合伙企业中的股份比例为 1.676%÷4%=41.9%≈42%。具体的股权架构变化如图 5-12 所示。

本案例中 X 公司 100% 收购了 A 子公司的股权，且收购总价为 2800 万元，其中股权支付金额为 1175 万元，占 70%。根据财税（2009）59 号文件的规定，属于一般性税务处理。如果股权支付金额大于 85%，则可以适用企业合并重组的特殊性税务处理的相关规定。

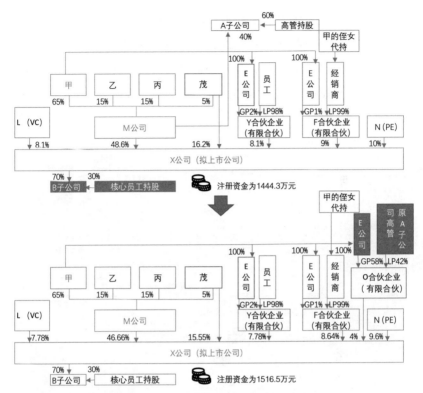

图 5-12　X 公司收购 A 子公司后的股权架构

第十阶段：X 公司置换 B 子公司 30% 的股份。

2018 年 10 月，X 公司与 B 子公司三名核心员工商议后决定，用 X 公司的股份置换他们所持的 B 子公司 30% 的股份。此时 B 子公司估值为 3000 万元，上述三名核心员工所持股权对应估值为 3000 万元 ×30%=900 万元。

此时 X 公司的估值为 11.16 亿元，三名核心员工所持股份置换成 X 公司的股份为 0.09÷11.16×100%≈0.8%。股权置换完成后，B 子公司三名原股东进入 O 合伙企业（有限合伙），所占股权份额为 0.8%÷4%=20%。如图 5-13 所示，E 公司将所持 O 合伙企业的 20% 份额转让给三位核心

· 175 ·

员工。E 公司在 O 合伙企业内部的转让将不涉及缴税。具体方法请参考下文的说明。如果不以 O 合伙企业为纳税主体，而是穿透到 X 公司，即以 X 公司的账面净资产（注：此时为 0.9 亿元）为计税基础，E 公司将缴纳巨额的企业所得税，这种情况下，如何合法合理地进行税收筹划呢？下文对此给出了答案。

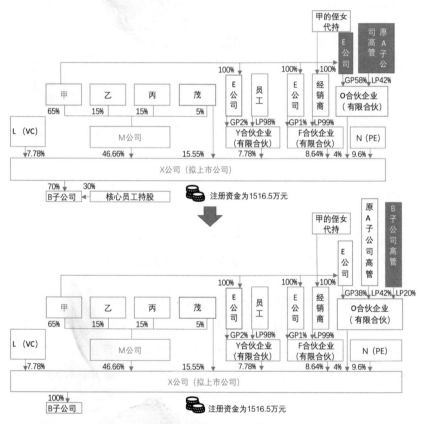

图 5-13 置换 B 子公司 30% 股份的股权架构

国税总局公告（2014 年）67 号文件第十三条规定，符合下列条件之一的股权转让收入明显偏低，视为有正当理由：

（三）相关法律、政府文件或企业章程规定，并有相关资料充分证明转让价格合理且真实的本企业员工持有的不能对外转让股权的内部转让。

根据上述规定，O合伙企业在本次转让之前需要到当地工商局变更合伙协议，比如明确写明"本合伙企业为企业内部员工的持股平台，仅限内部转让，且不对外出售"等内容。此外，O合伙企业平时还需要多与当地税务局的主管财税人员保持联系，以便及时掌握财税方面的最新政策与政策解读。

此阶段结束后，B子公司成为X公司的全资子公司，同时，原来的高管股东（即三名核心员工）间接持有拟上市的X公司的股份，这是一个多方共赢，各方乐见的结果。置换B子公司股份之后X公司的股权架构如图5-13所示。

第十一阶段：IPO上市。

2021年3月，X公司完成了股份改制，从有限公司整体变更为股份有限公司，这时X股份有限公司账面净资产约为16279.3万元，其具体构成如表5-6所示。

表5-6　X股份有限公司账面净资产构成（万元）

项目	金额
实收资本	1516.5
资本公积	1666.7
盈余公积	540.5
未分配利润	12555.6
净资产	16279.3

X股份有限公司按照2.71∶1的比例折为6000万股，剩余的10279.3万元进入X股份有限公司的资本公积。

根据《全国中小企业股份转让系统挂牌公司向上海证券交易所科创板转板上

市办法(试行)》第十三条：转板公司申请转板至科创板上市，应当符合以下条件(节选)：

(三)股本总额不低于人民币3000万元。

(五)公众股东持股比例达到转板公司股份总数的25%以上；转板公司股本总额超过人民币4亿元的，公众股东持股的比例为10%以上。

根据上述规定，X股份公司发行公众股的比例为25%，即1500万股(6000万股×25%)，如图5-14所示。

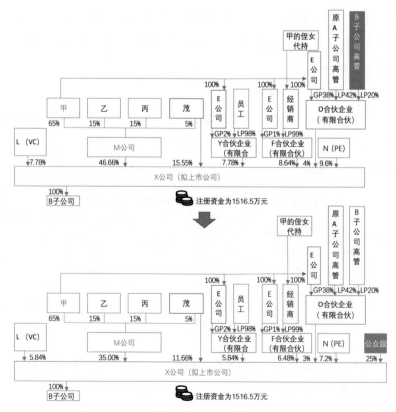

图5-14 IPO上市

2020年，X股份有限公司的净利润为6000万元，按照A股市场上市新能源公司的35倍PE测算，X股份有限公司的模拟估值=净利润×市盈率=6000万元×35=21亿元。

至此，X公司完成了从创立到最终成功IPO上市的完整过程。

上述案例中的相关要点归纳总结如下。

（1）公司股权整体架构的顶层设计极其重要，在公司创立之初就需要认真全盘筹划。

（2）外部投资机构进入前，公司需要预先设置好员工持股平台。这样的安排有利于公司在不同的发展阶段，留住及引进优秀的人才。

（3）公司要想发展壮大，就需要具备"多方共赢"的精神。

特别是在启动IPO上市之后，不仅要考虑内部员工和外部投资人的利益，还要顾及上下游合作伙伴、当地政府等相关方面的利益。只有这样才能整合各方资源，形成"合作共赢"的生态圈。

（4）公司进入成熟期后，要鼓励有能力的员工开展内部创业，开拓新的业务。

这样做的益处：首先，通过员工内部创业，裂变成立新公司，公司入股跟投的模式，可以留住有能力的员工；其次，通过新公司尝试新业务，可以低成本摸索公司成长的"第二曲线"。

（5）公司需要提前设置好创始人的变现退出机制，因为创始人（或创始团队）也有"阶段性变现"的具体需求。但一切安排都需要在符合相关法律法规的前提下。

（6）公司IPO上市最大的问题，通常是与税务相关的问题，因此需要尽早做好税务筹划安排。

如果公司的目标是将来IPO上市，那么从创立之初，各项业务都需要符合财务规范。否则，IPO上市时将面临巨大的"纠错成本"。此外，公司在实施股权转让、置换等项目的过程中，也面临税务筹划问题，此时需要咨询专业的税务专家，使相关业务合法、合规。

5.3.2 在不同股市双重 IPO 的利弊

京东是中国自营式电商的代表性企业，于 2014 年 5 月在美国纳斯达克证券交易所正式挂牌上市。2020 年 6 月 18 日，京东正式在香港联交所上市交易。至此，京东成为一家成功实现在美国和中国香港两地同时上市的中概股（中国概念股的简称）企业。有些读者也许会不解：中概股为何要在异地同时上市？这样做对企业有何利弊？对此问题，笔者的分析如下。

一、中概股企业在异地同时上市的原因

1. 中概股企业在美股市场的估值相比国内 A 股市场同类企业的估值要低。

相似公司规模、盈利水平的同行业上市企业，在国内 A 股市场的企业估值和股价水平，通常远远高于中概股企业在美股市场的估值和股价。一般来讲，与 A 股市场上市企业的 PE 倍率（一般为 20~30 倍）相比，中概股企业在美股市场的 PE 倍率要远低于国内水平。这样的企业估值和股票价格之间的差异，促使了中概股企业希望回归 A 股市场。

2. 中概股企业希望回归 A 股市场，但受相关政策限制。

由于国内证券监管部门对海外上市企业在 A 股上市有着严格的限制，根据这些限制政策，中概股企业必须通过拆除 VIE 架构或者私有化退市的方式以符合政策要求。但是，这两种方式都是非常复杂且需要很长时间才能完成的庞大项目。

在此背景下，京东、阿里巴巴等中概股企业采用了在异地（香港）

同时 IPO 上市的方式，以实现最大限度地让其股价得到当地证券市场的公正估值和买卖的目的。

二、中概股企业在异地同时上市的利弊

中概股企业在异地上市，既有有利的一面，也有不利的一面。

1. 有利之处

对于在异地上市的中概股企业而言，最大的益处就是企业价值能获得当地证券市场客观公正的评价，从而获得合理的股价，最终实现在该证券市场溢价融资的目的。除此之外，在异地同时上市的做法还可以帮助上市企业分散在单一证券市场上由于股市异常波动所带来的风险。

2. 不利之处

异地同时上市，最大的不利之处就是企业为了维持在不同股市的上市企业身份，每年需要支付高昂的费用。例如，香港证券市场的上市企业，每年需要支付 1000 万元港币以上的维持费用，这对企业来说是一笔很大的开支。

5.3.3　IPO 后的定向增发

一、定向增发的定义

定向增发（简称"定增"），又称定向发行，按照《非上市公众公司监督管理办法》的规定：定向发行包括股份有限公司向特定对象发行股票导致股东累计超过 200 人，以及公众公司向特定对象发行股票两种情形。本文重点讨论公众公司（即上市公司）向特定对象发行股票的情形。

关于上市公司的定增规定，近期比较受瞩目的是《科创板上市公司

证券发行注册管理办法（试行）》。其中，第五十五条要求：上市公司向特定对象发行证券，发行对象应当符合股东大会决议规定的条件，且每次发行对象不超过三十五名。关于发行价格，另据第五十六条规定，上市公司向特定对象发行股票，发行价格应当不低于定价基准日前二十个交易日公司股票均价的百分之八十。

据此可知，非公开发行并无盈利要求，即使是亏损企业也可申请发行。

二、定向增发的三种形式

第一种是上市公司为了引进战略投资者等对公司未来发展有利的外部资源方而进行的定增。例如，一家新能源汽车的生产商，为了能和长期合作的上下游制造商形成"新能源汽车生态圈"，对上游的锂电池制造商实施定增，使后者成为其股东，因此结成深度捆绑的"利益共同体"关系。

第二种是通过**定向增发融资**后去并购其他公司，迅速扩大规模。例如，上市公司A向第三方实施定增募集资金，然后利用此资金去并购其他公司。

第三种是上市公司为了给某个特定项目募集资金而向第三方实施定增。例如，国内著名的户外运动服务商和户外装备、产品生产商三夫户外于2020年9月7日发布公告，宣布拟定增募资3亿元，用于世界著名X-BIONIC高科技时尚运动品牌的建设与运营项目。

思考

贵州省茅台镇一家白酒企业W公司近两年业绩大幅提升，发展势头良好，其创始人希望与其全国的8家经销商建立更紧密的合伙关系，该如何为其设计合伙人方案呢？

参考答案

建议 W 公司采取外部合伙人模式，与 8 家经销商成立一家有限合伙企业。W 公司创始人为该企业的 GP，占股 20%；8 家经销商为 LP，分别持股 10%。同时 W 公司规定，对经销商实行业绩考核制度，即经销商只有在完成 W 公司制定的销售业绩目标之后，方可持续保持其在有限合伙企业的 LP 地位；如果业绩不达标，将丧失 LP 资格，由后续的达标经销商替代。通过这种动态评估方式，激励经销商不断提高销售业绩。

第6章 合伙模式的新形态

CHAPTER 6

本书第 2 章中介绍了五种合伙模式，即虚拟合伙、事业合伙、股东合伙、生态链合伙和平台合伙。随着商业环境的不断变化，合伙模式不会一成不变，而是会随之不断进化以适应环境的需要。

基于不同商业模式的考虑，本章将介绍三种新的合伙模式，分别是"首次股东团队组建"模式、"把用户变成合伙人"模式、"与海外企业合伙，共创共赢"模式。

任何合伙模式都不是一蹴而就的，应该遵循由浅入深、循序渐进的原则。也可以理解为，"先恋爱、后结婚；先合伙，后合股"的原则。

6.1 合伙模式新形态之一：首次股东团队组建

笔者曾在第 3 章中介绍过股权众筹平台模式，但这种模式并不能从根本上解决国内创业企业融资难，而投资方缺少优质项目及投资初创企业风险大的问题。近年来，国内创投圈出现了一种新的模式：**首次股东团队组建模式**。它的出现，在很大程度上解决了创投双方各自的难题。

6.1.1 首次股东团队组建模式首次登场

案例 6-1　第 178 位投资人面谈约 2 小时后决定投资 100 万

"90 后"连续成功创业者 L，在做本案例中的这个项目之前，已经成功创业两次，都取得了不俗的业绩。当时这个新项目主要是以"线上代购＋线下消费和代缴"全网一站通模式，打造新零售模式。

L 的这种模式比之后红遍全国的"O2O 模式"出现得还要早。所以，在 2013 年前后，当他拿着商业计划书去跟投资人交流，希望获得融资的时候，投资人的反应不外乎两种：一种是投资人说这个模式太超前，看不懂；另一种是投资人在听过他介绍项目后，把他当作骗子，觉得他这个项目不靠谱。

就这样，他见了 177 位投资人，但都被对方以这样或那样的理由拒绝了。直到他遇到第 178 位投资人，情况出现了转机。

2013 年的某一天，L 带着他的商业计划书，怀着忐忑的心情来到北大附近的一家咖啡厅，与龙翼资本创始人周宏光总经理面谈融资的事情。周总仔细打量过这位年轻创业者后，耐心地听他热情洋溢地介绍自己的项目。周总边听边想象这种商业模式的运营场景和发展前景。听完 L 的介绍，周总将自己所关心的问题与 L 进行了深入交流。最后，周总判断这个项目有发展前景，在面谈约 2 小时的时候，周总决定出资 100 万元投资

L,做该项目种子轮投资人。创始人L万万没有想到,周总在这么短的时间内就做出了投资决定。他感慨地说,当遇到第178位投资人时,他终于遇到了"伯乐"。

周总在这个项目中,创造性地实践了一种新型的合伙模式:**首次股东团队组建模式**。具体来讲就是,他召集周围有一些专业能力和资源的人士,组成一个专家团队,为该项目提供各种专业支援。同时,团队成员分别出资,成为周总为此项目新设的有限合伙企业B的股东,也就是事业合伙人。在B公司中,周总以其控制的投资公司"龙翌资本"作为GP,管理B公司的日常运营,并拥有其控制权,承担无限责任。而其他资方则是LP,不参与B公司日常管理,只承担出资部分的责任,对上述被投项目按需提供必要帮助。由于GP和LP都是有限合伙企业B的合伙人,享有B公司的所有权和分红权。

接下来,周总又以此有限合伙企业的形式,以100万元占股20%入股L的项目公司A,成为其股东。具体的关系如图6-1所示。

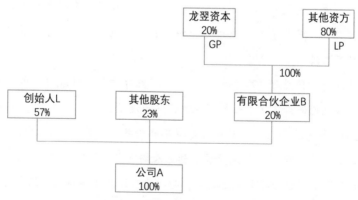

图6-1 首次股东团队组建模式

通过上述种子轮融资,创始人L获得了公司发展需要的资金及各种人力、物力和渠道资源,带领公司A从此走上了快速发展的道路。自周总的种子轮之后，公司 A 又陆续获得了国内多家一线知名投资机构的融资，发展越来越好。

6.1.2 首次股东团队组建模式的作用

首次股东团队组建模式的作用主要体现在以下两个方面。

1. **不仅为项目融资方提供资金，还提供专家团队的支援。**

国内创投圈的投资机构开展的项目投后管理，一般是派遣本机构的人员，针对所投项目的经营状况，提出相应的经营建议，主要涉及公司财务、法务等内容。由于受自身专业经验不足等方面的条件限制，投资机构的人员未必能针对被投公司的经营现状，给出全面、客观、有效的解决方案。而通过首次股东团队自建模式，能够聚集与公司经营相关的各个领域的专家，包括财务、法务、商务拓展等方面，组成一个专家团队，共同解决公司运营中出现的各种问题。而且，通过让专家以出资入股的形式成为股东，可以分享该企业的所有权和分红权，从而极大地激发股东们参与该项目的积极性。

2. **为投资人提供低风险投资项目并获取收益的机会。**

国内投资圈存在一种有趣的现象：优质的创业项目寻求融资时，往往都集中到了知名一线投资机构，而中小投资机构和个人投资者因为自身资源的限制，很少有机会接触到优质项目。首次股东团队组建模式有助于改变这种状况。创投圈的资深投资人发现优质项目后，以**"领投投资人 + 抱团投资"** 的形式，带领其他投资人或各方面的专业人士一起参与投资。领投人负责项目投后的运营管理，各位股东根据自己的专业能力和资源，为所投项目做出各自的贡献。最后，根据公司发展的业绩结果，股东们共享收益，共担风险。

6.1.3 活用有限合伙企业的创新型模式

首次股东团队组建模式的主要特征是灵活运用"有限合伙企业"这种企业形态,作为多位股东的持股平台。与有限责任公司相比,以有限合伙企业作为持股平台具备以下优势。

1. 一定人数的合伙人可以自由进出有限合伙企业,不需要做合伙人变更手续。

有限合伙企业具备天然的持股平台的属性,50人以内的股东发生变更时,不必像有限责任公司,到工商局做变更手续。股东持股平台的这种开放属性,也为今后更多有能力、有担当的股东的加入,助力公司的发展提供了可能。

2. 合伙人自己出资成为GP和LP,享有成为持股平台的有限合伙企业的所有权和分红权。

当合伙人自己拿出"真金白银",出资成为有限合伙企业的合伙人时,他才会真正意识到自己是该企业的主人,因而会以"主人翁"的心态来经营企业。而拥有该企业的股权,不仅让合伙人按照持股比例拥有企业的所有权,同时也享有企业盈利时的分红权。

3. GP和LP分工明确,按贡献大小分享收益,共担风险。

与运营管理有限合伙企业的GP不同,持股平台中的合伙人作为LP,并不参与该企业的日常经营,而是做出自己的专业贡献即可。合伙人之间是一种"利益共享,风险共担"的利益共同体关系。

6.2 合伙模式新形态之二：把用户变成合伙人

选对合伙人，对公司发展的重要性不言而喻。选择合伙人时，不仅要考察他是否具备相应的能力，更重要的是，要看他是否拥有与公司一致的愿景。

这一点听起来有些抽象，在现实社会中不易操作，不过，在购买过公司的产品或服务的忠实用户中，总能找到一些认同公司价值观的支持者。如果能从这些用户中找出满足一定条件的合伙人，将是一个事半功倍的选择。

6.2.1 一位畅销书作家的合伙人计划

一、一位"80后"畅销书作家的养成记

畅销书作家弘某是一位非常优秀的"80后"，也是一位"战果累累"的知识付费领域的创业者。她热爱写作，2017年开始利用业余时间在公众号上写作，每天发表关于职场和写作等方面的文章，深受"粉丝"喜爱。后来，她成功出版了3本畅销书。书籍的出版快速扩大了她的影响力。随后，她顺势开办了线上写作成长营，打造了个人IP训练营等多个知识付费产品，形成了自己的知识付费产品矩阵。几年下来，购买过她产品的全网"粉丝"超过了10万人，年度付费会员也超过了1000人，她顺利实现了年销售额几百万的"开挂"人生，成了许多职场年轻人的榜样。

二、通过"社群运营+直播"模式，打造用户黏性

弘某和她的团队为了与"粉丝"建立长久、稳定的互动关系，成立了各种微信群。他们发现，团队每天运营多个用户微信群，与用户保持良好互动的同时，加之以弘某为中心的直播（视频号平台），达成了预期目标：通过社群运营打造了用户黏性，实现了持续的以旧拉新和现有用户的持续购买。

弘某的尝试并没有止步于此。她是一位热爱学习，喜欢拥抱新事物，不断挑战自我的新生代知识内容生产者和运营者。弘某开始"走出去"，跟知识付费、自媒体运营等领域的"大V"学习和交流，并形成了多种形式的合作关系。此时她意识到，必须设计一种新的模式，赋能给那些忠实用户，让忠实用户与她和团队一起终身成长，并通过内容的生产与传播，实现共同创富。

6.2.2 推出合伙人计划

一、写作书院合伙人计划

弘某与她的团队经过反复商讨，在2021年7月推出了写作学院合伙人计划。这个计划有以下几个特点。

（1）主要是从过往的忠实用户中招募，设定报名期限，第一期最终只招募100人。

（2）弘某亲自对报名者进行线上面试，考察其是否与团队拥有共同的价值观等。

（3）通过合伙人面试的候选人，缴纳合伙人年费12800元/年，可以共享下文中介绍的六大权益。合伙人的工作主要是分销弘某的知识付费产品，获取佣金。

（4）对合伙人每年进行动态考核，根据其表现决定其第二年是否仍具有合伙人资格。

（5）该计划中的合伙人不拥有弘某运营主体公司的股权，因而不享有主体公司的所有权和分红权。

二、谁适合成为合伙人？

让我们来看看弘某是如何给她的合伙人画像的。下面是具体要求。

（1）认可弘某的价值观。

（2）对读书写作和在线教育事业有浓厚兴趣。

（3）想拥有副业，实现多管道收入。

（4）想打造个人品牌，但没有自己的课程与产品。

（5）有产品和课程，但缺少流量和社群运营经验。

（6）想要链接更多高质量人脉，升级朋友圈。

（7）有一定的经济基础，能轻松支付学费。

（8）弘某 VIP 年度会员，写作训练营学员优先录取。

三、写作学院合伙人可以享受的六大权益

图 6-2 所示为弘某写作学院合伙人可以享受的六大权益的详细说明。

图 6-2　写作书院合伙人可以享受的六大权益

6.2.3　先恋爱，后结婚；先合伙，后合股

分析弘某写作书院合伙人计划的模式后，不难看出，这种非股权型合伙人模式，合伙人之间是一种相对松散的关系。其实质是一种业务合伙人模式，即合伙人计划发起人希望借助合伙人的资源和渠道，去扩展其产品销售的渠道，同时，合伙人可以享受代理商的优惠分销价格。但由于不是运营主体公司的注册股东，该计划中的合伙人并不能拥有对该公司的所有权和分红权。

那么，是不是合伙人计划一开始就应该采用股权型合伙人模式呢？答案是否定的。试想一下，公司在对合伙人的价值观和业务能力等还没有深入考察的情况下，就让其成为公司的注册股东（实股股东），那么后续发现该合伙人身上存在问题，而不得不取消其合伙人资格时，将会变得非常麻烦。

因此，笔者建议各位企业家可采取图 6-3 所示的模式，分步骤实施合伙人计划。首先实行非股权型合伙人模式，经过一段时间的考察以后，再对考察合格的合伙人实行股权型合伙人模式，即"先恋爱，后结婚；先合伙，后合股"。

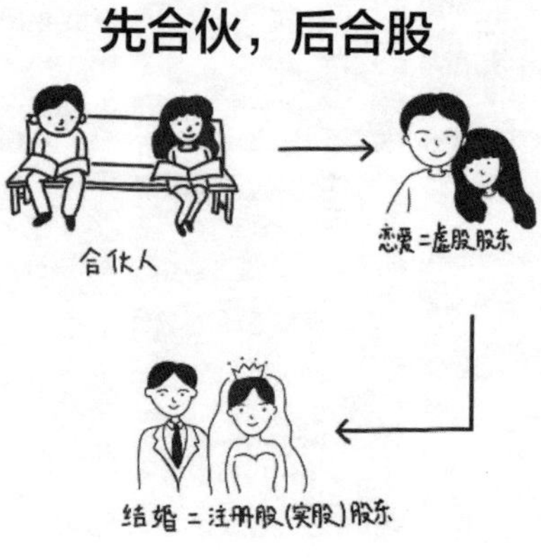

图 6-3　"先合伙，后合股"模式

在笔者看来,属于"先合伙"类型的弘某的合伙人计划有以下作用。

(1)巩固并扩大忠实的核心用户群。

合伙人团队在写作学院平台和各自的用户渠道,宣传项目的愿景、价值观以及知识产品和服务,将吸引更多忠实用户加入其中。

(2)扩大产品矩阵的销售渠道。

合伙人都拥有一定的"粉丝"和销售渠道,通过 SNS(社交网络服务)可以实现弘某知识产品矩阵的分销裂变。

(3)积累潜在的股权型合伙人。

笔者预测,弘某团队经过一段时间的考察与评估后,首先会利用一些定量和定性的指标,对合伙人的表现做出较为客观、公正的判断。然后依据此判断结果,把那些符合要求的合伙人升级为股权型合伙人候选人,作为下一步开展"股权型合伙人计划"时的储备。只有通过这种方式,让每一个合伙人都成为运营主体公司的"共同经营者",才能最大限度地激发合伙人的"主人公"意识,他们才会把合伙人计划当作自己的终身事业而投入全身心的才智,与其他合伙人一起奋斗,成为利益共同体。

6.3 合伙模式新形态之三:与海外企业合伙,共创共赢

合伙模式不仅存在于国内企业之间,也存在于国内企业与海外企业的合作中。当下越来越多的中国企业走出国门,在国际市场上崭露头角。在此背景下,与海外企业建立"国际合伙人"关系,可以实现优势互补,产生协同效应。

6.3.1 收购合伙：国内企业以 600 万元收购日本企业

案例 6-2 国内企业通过跨境 M&A，收购日本企业

2020 年初，笔者的一个客户——国内一家生产日化产品的大型企业 A 公司，由于现有业务市场饱和，计划开拓国内化妆品市场。但由于没有此方面的相关技术和产品，其 CEO 找到笔者，希望笔者介绍一家有一定技术和品牌实力的日本化妆品公司，以股权收购方式控股对方，从而快速打进该市场。

笔者曾经长期在日本最大的金融集团担任高管，积累了丰富的日本企业界的各种资源。利用这些资源，笔者帮助 A 公司找到一家希望让渡的日本化妆品公司（简称 H 公司）。经过一段时间的交涉，最后促成了这次跨境 M&A（并购）。

H 公司的创始人 T 女士原来是一位美容院经营者，H 公司主要生产和销售植物性无添加的护肤产品，也为其他日本化妆品厂家生产 OEM 产品（注：以对方品牌生产的产品）。H 公司拥有 1 家生产制造工厂，两家店铺（在东京购物中心内），20 多名员工，2019 年年销售额为 2 亿日元（约合 1200 万元人民币）。销售额构成中，零售部分（店铺销售及电商）占 20%，60% 来自为日本美容院线提供自主品牌产品，剩下的 20% 来自 OEM 产品。

H 公司深受疫情影响，由于到购物中心的零售店铺和美容院消费的人数锐减，导致其不得不关闭两家实体店铺。2020 年销售额比 2019 年减少了 40%，最终盈利出现赤字，亏损达 5000 万日元（折合约 300 万元人民币）。公司共计负债 1 亿日元（约合 600 万元人民币）。

T 女士对让渡公司股权给中国企业持积极态度，希望借助对方的资金和市场渠道，助其走出疫情危机，但 T 女士有三个条件：（1）希望保留 H 公司 20% 的股权,并留任 CEO;(2)希望收购方继续雇佣现有全体员工;(3)保留其产品品牌。

1. 双方秉持诚意,最终达成一致

由于中、日两家公司有着很强的互补性,这起跨境收购从一开始就被双方期待。因为,中方可以通过收购,获得日方在化妆品行业的研发技术、生产能力和日本品牌;而日方则可以获得中国巨大的消费市场和企业存续所需要的资金。

虽然双方的意愿和合作的前景是美好的,但到具体交涉层面,还是颇费一番周折。双方争议最大的部分,是关于 H 公司的估值。虽然双方聘请了外部的第三方专业机构,运用行业认可的估值方法,对 H 公司给出了一个客观、合理的估值,但 T 女士始终认为,给出的估值金额离自己的期望值很远,不愿接受。

后来又经过三个月的交涉,双方都做了一些让步之后,最终达成了一致意见。双方达成一致的条件是,除了日方 H 公司创始人 T 女士要求的三个条件之外,A 公司支付 1 亿日元(约合 600 万元人民币)收购 H 公司 80% 的股权,同时继承 H 公司的所有债务。

A 公司的创始人 CEO 咨询笔者,希望就这个跨国股权并购项目,设计一个合理且易操作的公司形式和股权架构。

2. 实施跨境 M&A 的公司架构安排

笔者通过下面三个步骤,帮助 A 公司顺利实现了跨境收购 H 公司的目的。

第一步:设立有限合伙企业作为持股平台,引进 A 公司的上下游长期合作伙伴作为合伙人,建立一种长期合作共赢的"利益共同体"关系。

中方 A 公司的创始人 CEO 做 GP(普通合伙人),占股 20%,负责此企业的日常运营;其他合作方做 LP(一般合伙人),占股 80%,不参与该有限合伙企业的日常运营,但拥有所持股权比例对应的所有权和分红权。另外,为了吸引并留住优秀的人才,今后拟成立另外一家有限合伙企业作为员工持股平台。

第二步：以上述有限合伙企业、A 公司及 CEO 为股东成立新公司 C。该公司具有独立法人资格。

C 公司的股权架构如图 6-4 所示。

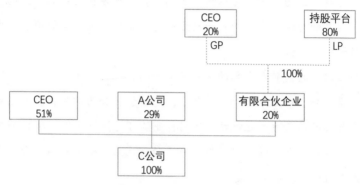

图 6-4　C 公司的股权架构

第三步：以上述 C 公司和 A 公司的 CEO 为主要股东，成立香港公司 F，作为收购日本 H 公司的法人主体。

有读者可能会问：为何要成立一家香港公司去收购日本 H 公司呢？笔者的回答是，成立香港公司并将其作为收购日本企业的主体，主要出于以下两个原因。

（1）香港公司比大陆公司在税收方面有一些优惠政策。例如，对于公司利润中分红部分的税率，香港税法规定：公司股东只需要缴纳分红金额的 5% 作为税款即可；而大陆的相关税法规定：在大陆的企业中，公司股东则要缴纳其分红金额的 10% 作为税款。

（2）以香港公司的名义在日本收购日本企业的股权，比起用大陆公司去收购，更容易被日本政府和日本企业员工接受。

香港 F 公司的股东构成如图 6-5 所示。

图 6-5　F 公司的股东构成

A 公司的 CEO 在香港 F 公司中的持股比例合计为：49%+51%×(51%+20%×20%)=77%，对该公司拥有绝对控股权。

第四步：以上述香港 F 公司为主体，收购日本 H 公司 75% 的股权，成为其绝对控股的大股东。收购前后 H 公司的股权架构如图 6-6 和图 6-7 所示。

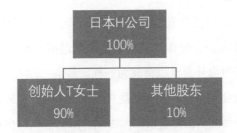

图 6-6　收购前日本 H 公司的股东构成

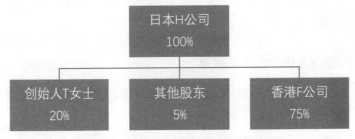

图 6-7　收购后日本 H 公司的股东构成

3. 收购后，双方的协同效应逐渐显现

收购完成后，日方创始人T女士留任日本H公司的CEO，继续带领该公司研发新产品，管理生产体制，并不断开拓新的客户群体。在中方A公司的收购资金到位后，T女士成立了一个新项目研发团队，用很短的时间，开发出了一款面向年轻女性群体的新型植物性洗发液。推向市场后，受到日本年轻女性消费者的喜爱，销售形势喜人。

同时，中方A公司也开始尝试通过直播电商的形式，推出日方H公司自主品牌的护肤产品，获得了直播单场销售额最高150万元的出色业绩。中、日双方公司的高层都对这项收购带来的协同效应表示满意，希望今后继续发各自优势，成为相互信赖的共同事业合伙人。

6.3.2 和海外企业合伙的利与弊

随着中国经济的开放发展，经济规模不断增大，今后中国企业走出国门，与世界各国企业合作的机会也会越来越多。在这样的背景下，中国企业并购或参股海外企业也将成为一种新常态。

与海外企业合作共赢，成为利益共同体，从某种意义上讲，对于双方来说就是一种新型的"国际合伙人"关系。虽然合作的初心是美好的，但由于双方的文化背景、商业习惯、语言等方面的差异，也会给这种跨越国界的合作带来一些困难。下面笔者列举了国内企业和海外企业合伙的有利面和不利面。

一、和海外企业合伙的有利面

（1）形成互补关系，可以获得对方的技术、品牌、市场、人才等自方所不具备的经营要素。

（2）与海外优秀的企业建立合伙关系后，可以"近距离"地从内部学习对方的经营管理手法，提升自方的经营管理水平。

（3）通过国际化经营的实践，可以提升公司的对外形象，吸引更多的人才加入公司，一起奋斗。

二、和海外企业合伙的不利面

（1）由于双方商业习惯等方面存在差异，可能会因为经营活动中沟通不畅，而无法形成预期的 1+1>2 的合力效果。

（2）由于双方公司所在国家或地区的各种政策的变化，存在无法预测的经营风险。

（3）由于双方公司所在国的税制体系的差异，存在着国内公司在海外市场获得的利润，被苛以高税率的风险。

6.3.3 中国企业开拓海外市场的展望

以日本为代表的主要发达国家，近几十年来受到"少子高龄化"社会问题的影响，已经进入了高龄化社会。这种变化对于已经进入和今后希望进军国际市场的中国企业来说，或许将成为一个机会。

一、日本的中小企业出现经营者"后继无人"危机

据日本厚生劳动省统计，截至 2020 年，日本的 65 岁以上人口，占其总人口的 28%，日本已经进入了"超高龄化社会"。人口高龄化带来的影响，也反映到了日本经济界。

从构成日本经济的企业规模来看，大企业约有 1.1 万家，占企业总数的 0.3%；中小企业共有 358 万家，约占日本企业总量的 99.7%。据日本中小企业厅的数据显示，2017 年，在日本全体中小企业中，约有 1/3 的企业的经营者（即企业负责人）年龄超过 70 岁。从这一数字不难看出，日本中小企业界的经营者"高龄化"问题已经十分严重。

日本中小企业界的经营者"高龄化"问题,引发了另一个问题:经营者"后继无人"。造成这一问题的原因有以下几个:(1)高龄经营者的家庭中没有男性后代;(2)虽然有男性后代,但其本人志不在此,不想接班,而是继续自己的事业;(3)经营者虽然没有男性后代,但有女儿,不过女儿不想女承父业。

图6-8所示的数据反映了中小企业经营者"后继无人"问题规模之大,远超我们的想象。

图6-8 日本中小企业经营者的年龄和对应人数

在日本全体中小企业的经营者中,65岁以上的约有245万人。其中,约有127万经营者没有确定自己的继承人("后继无人"中)。令人不可思议的是,这其中竟然有60万家中小企业尚处在盈利状态。

从上面这些数字可以看出,日本中小企业中有60万家可能由于无人继承,虽然处于盈利状态,但不得不关闭。这其中有不少企业是拥有独特技术、产品,乃至品牌的优良企业。对于中国企业来说,通过股权投资形式,控股或参股可以与日本中小企业形成协同效应,这将是一个"走出去"的路径选择。

二、中国企业通过对海外企业的并购或参股，实现"走出去"战略

在国家大力推广以"双循环"模式发展中国经济的背景下，中国企业不仅要做好国内经济的"内循环"，也应该做好开拓国际市场的"外循环"。只有这样，企业才能在竞争日趋激烈的国际商业环境中，屡战屡胜，最终胜出。

商业市场瞬息万变，新技术、新产品不断涌现。国内企业在某些领域若想实现"从0到1"的突破，有时需要在技术研发方面做多年的持续投入。而投入的最终结果很多时候是不确定的。在这样的背景下，可以考虑采取"花钱买时间"的做法，也就是说，可以通过并购或入股海外优良企业，以间接方式获得相关技术或产品，从而大大缩短研发周期。

不同类型的国内企业，在进行海外并购时所采取的策略也略有不同。

（1）国内制造业企业通过并购获得对方的先进生产技术、技术研发能力和品牌。

中国的制造业经过改革开放之后40多年的发展，形成了全世界最大和品类最全的工业制品的生产制造体系。国内一些制造业企业在很多细分领域的生产能力，已经达到了世界先进水平。但有些企业由于技术能力和品牌知名度与发达国家同类产品尚有不小的差距，导致其在国际市场上，产品定价始终处于低客单价水平，严重影响了公司的盈利水平。这类制造业企业可以通过并购或入股海外企业的方式，获得对方的先进生产制造技术和多年积累的优质品牌，从而实现本企业技术和产品的升级换代，进一步跃升为国际化品牌。

（2）从对新兴高科技企业的中小企业并购中发现新的商业机会。

日本等发达国家的一些新兴高科技产业，如新能源、工业机器人、先进医疗等领域，存在大量优质的中小企业。在这些企业中，有不少是

知名大学孵化的"产学研"项目。如果能够与此类企业形成"国际合伙人"关系，即通过股权形式，控股或参股对方企业，将可以相对容易地获得对方在相关领域的先进技术和人才。

三、中国企业并购或参股国外企业时需要注意的问题

由于跨国并购涉及不同国家和地区、不同商业习惯下的两家企业，为了顺利建立长期的"利益共同体"关系，需要妥善处理以下几个问题。

1. 双方企业应该从始至终致力于构建"相互理解，平等信任"的关系。

平等互信是一切合作的基础。尽管双方在语言、文化、商业习惯等方面存在差异，但只要双方的高层从一开始就秉持"敞开心扉，以诚相待"的态度，以谦虚、利他之心合伙，那么多数情况下跨国并购项目可以获得成功。纵观失败的案例，很大一部分是由于收购方有一种"高高在上"的优越感，没有真正了解被收购企业的企业文化及所在社会的文化特征，导致双方产生了距离感。这种"距离感"不断加剧，最后演变成了"不信任感"，导致双方的国际合作以失败收场。

2. 国内企业在并购或入股海外企业时，建议事先咨询专业机构。

当国内企业拟通过并购或入股方式，与海外企业建立合伙关系时，建议先咨询专业机构。因为此类项目涉及的领域非常广泛，比如涉及国际法务、财务、税务等。特别是公司估值测算业务，建议委托给有相关领域丰富实操经验，并有多个成功案例的第三方专业机构。

3. 某些受限制的高科技领域的跨国企业并购，存在不被所在国当局批准的风险。

美国近年来对中国的各种"压制围堵"政策愈演愈烈，日本等发达国家也步其后尘，对部分高精尖产业的技术和产品，实施禁止对中国出口的

政策，其中包括他们认为会危及其所谓"国家安全"的领域，比如人工智能、量子计算、航天航空技术等。建议国内企业尽可能避免对上述受限领域的海外企业开展并购或入股。因为对方企业所在国当局由于上述政治目的等因素，基本上不会批准来自中国企业的并购案申请。

思考

国内一家生产食品的大型企业B公司，由于现有业务市场饱和，因此计划开拓国内高端健康食品市场。但由于没有此方面的相关技术和产品，B公司希望收购一家日本健康食品公司，通过吸收其先进研发能力和生产技术，快速打进该市场。日本一家中小食品生产加工企业愿意让渡100%公司股权。如何按照优先顺序排列该收购中应注意的问题，并设计以国内公司作为控股股东，收购该日本企业后的股权架构？

参考答案

B公司拟收购日本一家健康食品企业，需要按照以下优先顺序，分析现状后做出是否收购的评估。

首先，B公司在明确自身海外战略的基础之上，确定收购海外企业的目的，是引进先进技术还是吸收海外高级人才，还是借助对方开拓对方所在国市场。

其次，B公司需要确认自身资源是否足够开展海外收购，比如确认公司是否有此方面的专业人才及相关资金支持。

最后，B公司需要思考收购后的运营管理体制。例如，收购结束后，如何有效地运营管理被收购企业，并让其与B公司产生协同效应；正式开始收购项目之前，B公司需要事前建立事后运营体制。

设计以B公司作为控股股东，收购日本企业后的股权架构时，需要注意以下几点。

（1）以B公司和其创始人作为股东，在香港设立新公司，并以香港公司作为收购时的企业主体。

（2）以新设立的香港公司投资入股该日本企业，持股占90%，成为其绝对控股大股东。余下的10%股份留给日方企业创始人，以稳定军心，保持该公司的稳定。具体的操作步骤可以参考案例6-2的相关内容。

第7章 新合伙人制度：与阿米巴经营模式结合

如何让合伙人制度发挥最大的作用，让企业的全体员工拥有共同的理念、愿景和价值观，朝着共同的目标，不断努力奋斗呢？笔者认为，把合伙人制度与阿米巴经营模式结合起来运用，将是一个很好的解决方案。

前文中分析了合伙人制度，它其实是一种激励机制，一种管理体系。如果没有企业的经营理念、愿景和价值观这些"软实力"作支撑，那么合伙人制度恐怕难以发挥它应有的作用。而阿米巴经营模式不仅能提供这些"软实力"，还能极大地激发每一位员工努力成为经营者的意愿。

7.1 何为阿米巴经营模式？

阿米巴经营模式是日本"经营四圣"之一的稻盛和夫发明的独特的经营模式。他在 27 岁时成立了京瓷，带领 7 个年轻人白手起家。当京瓷发展到 300 人左右的规模时，稻盛和夫发现以他一己之力，运用传统管理方式已经无法管理所有员工。于是，他创立了一种新的管理体系，并冠以"阿米巴"的名字。

阿米巴，又称阿米巴变形虫，是一种肉眼无法看见的微生物，如图 7–1 所示。

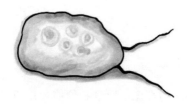

图 7–1　阿米巴变形虫

阿米巴有以下三大特点。

（1）**生存适应能力极强**。

（2）**自我复制能力极强**。

（3）**团队精神极强**。

阿米巴的这些特点，完美地体现了稻盛和夫的愿望，即希望企业按照一定的规则，划分成若干独立核算、自负盈亏的经营单元。每个单元既要灵活经营、独自盈利，又要发挥组织合力，实现公司整体发展的目的。而阿米巴经营模式中的每位员工，都应该以经营者的觉悟参与经营。

一、阿米巴经营模式的定义及目的

稻盛和夫在其著书和演讲中，对阿米巴经营模式做了如下定义。

阿米巴经营就是把公司划分为若干个小集体，每个小集体都按照一个小公司的方式进行运营、独立核算、自负盈亏，并且公司对最小的经营组织进行业绩评估。通过赋权经营，在公司内部不断培养与企业家一致的经营人才，实现全体员工共同参与，创造高收益。它是成就员工，彻底解放经营者，构建幸福型企业的经营管理模式。

稻盛和夫创立阿米巴经营模式的目的如下。

（1）把组织划小，发挥每个细分组织（阿米巴）的灵活性和创造性。

（2）培养每位员工成为经营者的觉悟与意识。

（3）实现每位员工物质和精神两方面的幸福。

二、阿米巴经营模式的特征

阿米巴经营模式有以下两个特征。

（1）它不仅仅是一个管理企业、提高企业盈利能力的工具，更是一套建立在稻盛和夫经营哲学基础之上的，打造企业高收益体制的完整管理体系。

（2）构成该模式的两大支柱和一个根基（见图7-2）缺一不可，其中，京瓷经营哲学是其根基，尤其重要。

图7-2 阿米巴经营模式的两大支柱和一个根基

三、阿米巴经营模式在中国推广的现状

为了向更多的经营者传授企业经营方面的经验，稻盛先生于 1983 年在京都成立了"盛和塾"，还在中国、美国、巴西等国家和地区成立了海外分塾。其中，中国的"盛和塾"的会员规模，在所有海外分塾中是最大的，据说截至 2021 年有超过 1 万名的中国企业家会员在籍学习。

笔者通过对多名中国"盛和塾"的企业家学员进行访谈了解到，很多会员企业引进了阿米巴经营模式后，经营者在经营意识、经营手法等方面发生了积极的改变，企业形成了高收益体制，经营状况越来越好。

与此同时，阿米巴经营模式在中国推广时也遇到了一些瓶颈，一些引进该模式的企业遭遇了失败。通过对这些失败案例进行分析，可以总结出以下三点原因。

（1）部分企业只把该模式理解为一套马上能带来经济效益的经营工具。它们在没有很好地消化吸收其重要根基——"京瓷经营哲学"的基础上，只学习了该体系中的一些管理制度和报表等管理工具，急功近利，只想快速见效地走捷径。

（2）一些企业对其全公司进行阿米巴经营单元划分时，没有客观、正确地把握各部门的经营实态，导致的结果是划分的阿米巴单元不合理，没能形成经营资源最优化配置及各个阿米巴之间的协同效应。

（3）有些企业把该模式简单地理解为绩效激励机制：达成经营目标时，给予物质奖励；反之，则没有。这样一来，导致全体员工的工作意愿和士气会随着企业经营结果的变化而产生很大的差异，经营变得不稳定。

本书将着重探讨第三点原因。笔者认为，将合伙人制度与阿米巴经营模式相结合，以前者作为绩效激励机制的基础，如果能让各个阿米巴的巴长和成员成为合伙人，那么他们将不再一味地关注物质激励，会意识到是为自己工作，从而产生"主人翁"意识，全心全意地投入企业经营中。

7.2　阿米巴经营模式的两大支柱和一个根基

阿米巴经营模式由图 7-2 所示的两大支柱和一个根基构成。三者之间的关系从稻盛和夫的说明中可以窥见一斑。他曾说："在京瓷，以我的'会计学'和'阿米巴体制'作为经营管理的两大支柱。这也可以比喻成一间屋子，经营哲学是地基，会计学和阿米巴体制这两根柱子相互支持，缺少其中任何一根柱子，这间屋子也撑不起来。"

7.2.1　阿米巴经营组织

阿米巴经营体制，又称阿米巴组织，目的是分权赋能，最大限度地发挥每个员工的积极性与自主性，从而激发出组织活力，实现企业的高收益体制。

面对不同行业的企业，我们应以怎样的标准或原则来划分阿米巴经营单元呢？稻盛和夫认为应该遵循下面三个原则。

（1）阿米巴经营单元能够独立核算。
（2）阿米巴经营单元能够执行公司的方针，与公司拥有同样的目的。
（3）它是独立完成业务的单位，经营者能够全盘掌握其业务情况。

稻盛先生曾在 CCTV 的《对话》节目中，通过一个杂货店的案例，简单明了地说明了划分阿米巴的奥秘。

稻盛先生讲道，他家附近有一家他太太经常去购物的杂货店。店里卖蔬菜、水果、鲜鱼、鲜肉及干货等食材。店主按照传统的做法，对每个月所有食材的采购成本没有分类记录，而是只记录合计金额，然后用总收入减去总成本，得出全店总体盈亏数字。稻盛先生认为，这样的做法无法知道各个部门盈亏的真实情况。于是，他建议把杂货店划分为果蔬组、生鲜组和干货组，分别独立计算进货成本和销售额，然后通过各组的实际经营结果，经营者对保留哪个部门或砍掉哪个部门做出自己的经营判断。这种模式就是阿米巴组织划分的原则和模式。

运用阿米巴划分原则,笔者先用超市替代上述案例中的杂货店,并将其划分为四个阿米巴,分别是卖蔬菜水果的"果蔬组"、卖生肉、鲜鱼的"生鲜组",还有"烟酒组",以及卖食品类的"零食组",如图7-3所示。接着,以阿米巴单元为单位,分别记录销售额、采购成本以及盈利金额。这样划分以后,哪个部门(即独立的阿米巴经营单元)盈利,哪个部门亏损,一目了然。

图7-3 超市的阿米巴组织模式

案例7-1 "强哥餐厅"的股权结构及阿米巴组织划分

张三、李四和王五一起创业,成立了A公司,在北京开设了一家日本料理餐厅,取名"强哥餐厅"。注册资金为1000万元,三人分别占股60%、20%、20%(见图7-4),并分别出任CEO、CTO、CMO。然后他们又雇用了厨师、服务员若干人,店铺选址并装修后顺利开业。

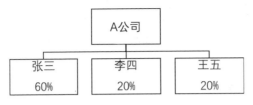

图 7-4　A 公司的股权结构

三位股东决定采用阿米巴模式运营新公司。具体来讲，就是将新公司分为"费用中心"和"利润中心"两大部分。前者由公司财务、IT 等管理职能部门构成，不直接产生利润，其运营费用由利润中心来分摊。由于费用中心是公司的基础部门，服务其他各业务部门，因此不划分阿米巴单元。

利润中心由"后厨组"和"服务组"两个阿米巴经营单元组成，独立核算，自负盈亏，如图 7-5 所示。由于公司处于创业初期，经营人才不足，阿米巴巴长人选由公司总部指定。

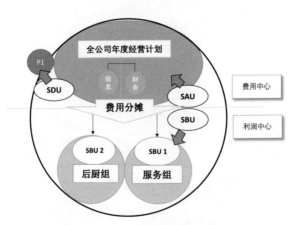

图 7-5　A 公司的阿米巴组织划分

阿米巴经营体制，除了划分阿米巴的原则和方法之外，还包括阿米巴之间的内部交易原则。为了避免企业内各个部门（阿米巴）因循守旧，固守"部门本位主义",而忽视市场声音的风险,稻盛和夫确定了阿米巴之间的内部买卖关系,并创造性地发明了阿米巴单位间内部交易的"四原则"。

原则1:**简单性**。在保证公平的基础上,力求简单,防止交易成本增加。

原则2:**激励性**。通过独立核算,激发各阿米巴的活力,提高价值创造。

原则3:**市场性**。衡量内部进步性的同时,关注外部的竞争性。

原则4:**公平性**。准确反映价值的创造总量与增量。

同时,稻盛先生还规定阿米巴单元之间可以依照图7-6所示的五大方法,确定内部交易价格。当然,当外部价格更有优势时,阿米巴单元也可以根据市场行情,从企业外采购原材料或销售成品。

图7-6 阿米巴内部交易五大方法

案例7-2 "强哥餐厅"的内部交易定价

前面案例1中的公司A划分出了服务组和后厨组两个阿米巴单元。接下来,我们看一看它们是如何运用前文提到的阿米巴单元之间的内部交易原则,为彼此的服务定价的。

"强哥餐厅"新推出一款高级料理——**"清酒炖蟹"**。经过调查市场上同款菜品的定价,后厨组提供给服务组的售价是100元/份(见图7-7)。其中,制作成本(含食材)70元,自身利润10元,给服务组的佣金是20元。这里采用的是内部交易方法中的佣金定价法。

服务组按照100元/份的价格销售给客户,获取了20元毛利。其中10元为自身营销费用(微信群宣传等),剩下的10元是自身利润。

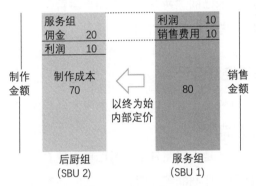

图7-7 强哥餐厅的内部交易定价方法

从这个案例我们不难看出,比起传统的内部交易方法中的成本定价法,即服务组在后厨组的实际制作成本上直接加上利润,作为餐厅的整体收益,采用上文中的佣金定价法,更能让所有阿米巴单元,特别是以前没有市场意识的后厨组,感受到外部市场的压力。例如,竞争对手的同款产品卖得比自己更便宜。这样一来,市场部门(不同阿米巴单元)就会根据市场反馈,协商调整产品结构及定价策略。

阿米巴经营体制中,除了量化分权,还有集中管控的体系。试想,如果完全放任阿米巴独立自主经营,而没有一定的管控体制,将会给企业经营带来无法预估的风险。鉴于此,企业会通过建立阿米巴"两会"体系:**"经营计划会"**和**"业绩分析会"**,动态地管理企业的整体运营,达到整体（企业）与局部（各个阿米巴单元）、组织（阿米巴）与个人（员工）之间的平衡。

经营计划会，顾名思义，就是企业中各阿米巴通过一定的会议模式，制订月度、年度经营计划，然后整合成企业整体的经营计划。

业绩分析会是指每月完成当月计划后，通过一定的会议模式，回顾计划执行情况，发现问题，分析达成目标或未达成目标的原因，并找出改善的方法。

由此可见，阿米巴的**"两会"**体系如果运营得当，则能够起到对各个阿米巴经营单元进行集中管控的作用。

7.2.2 阿米巴经营会计

经营会计的目的在于实时反映企业的真实经营状态，为经营者提供决策，起到改善经营的作用。

阿米巴经营会计是指按照各个阿米巴单元独立核算的原则，通过单位时间核算制度和边界利润等经营指标，实时动态地掌握每个阿米巴单元乃至企业整体经营状况的会计体系。

阿米巴经营会计的核心是稻盛和夫的**"会计七原则"**。

原则1：现金本位经营原则。

公司经营中秉持"现金为王"的原则。经营者要时刻密切关注公司账户中的现金储备，有备无患。

原则2：一一对应原则。

在公司的日常经营活动中，产生购买、生产、销售等活动时，必须实时地用票据与之"一一对应"，做正确的财务处理，杜绝事后记账等行为，以及钱票不一致等情况。

原则3：收入费用配比原则（或称"筋肉坚实"的经营原则）。

公司经营必须遵守"量力而行"的原则，把资产负债率控制在合理水平，即少借债，少加杠杆。努力提高公司的利润，内部留存，以备不时之需。

原则 4：完美主义原则。

培养员工的工匠精神，打造高性价比并深受客户喜爱的较为完美的产品和服务。

原则 5：双重确认原则。

为了减少工作中由于员工无人监督、无人确认结果而造成的工作失误、腐败等问题，不同部门或岗位要针对同一项工作进行双重确认。

原则 6：提高核算效益原则。

提高效益的方式主要表现为阿米巴经营的"单位时间效益核算制"。

原则 7：玻璃般透明的经营原则。

为了培养全体员工的"人人都是经营者"意识，经营者应该把公司经营的各项收支、盈亏数字等信息（管理层及员工薪酬等敏感信息除外）实时与员工们分享，让他们一起参与公司经营。让员工意识到，自己并不是每天重复同样的工作、拿工资的"打工者"，而是这家企业的"主人"。阿米巴的经营计划、业绩管理、劳务管理等所有与经营相关的事情，都由各个阿米巴的员工自己运作，独立核算，自负盈亏。通过阿米巴经营模式，实现全员参与的透明经营。

阿米巴经营会计的特征有**多层化、精细化、即时化、可视化**。

（1）**多层化**：通过经营会计报表中的七大科目（销售额、变动费、固定费、边界利润、经营利润、人/月劳动生产力、单位时间附加价值），多层级、多角度地反映企业经营实态。

（2）**精细化**：通过单位时间附加价值等不同经营指标，精确、细致地展现经营的真实情况。

（3）**即时化**：每天录入相关数据，及时得到当日经营结果。如果希望进一步经营数字即时化，也可以获取每小时的经营数字，从而实现真正意义上的实时动态化的经营。

（4）**可视化**：通过图表等形式，把经营数字以可视化的方式展现，从数字结果中可以直观地发现经营中的问题。

案例7-3 "强哥餐厅"的阿米巴经营会计

前面提到的A公司，经过一年的运营，受到了广大消费者的喜爱，经营逐步走上正轨。图7-8所示为某月该餐厅的各项经营指标。通过对这些数据进行分析，除了可以实时准确地掌握该餐厅的盈亏情况，更重要的是，可以通过提高单位时间附加价值（经营利润÷月工作时间），提高企业的劳动生产率和收益率。

	科目	金额
变动费	销售额	100万
	食材费	55万
	物流运输费	8万
	促销费	3万
	变动费合计	66万
	边界利润	34万
固定费	人工费	10万
	房租费	5万
	固定利息	0
	水电天然气费	3万
	固定费合计	18万
	经营利润	17万
	投入人员数	10人
	人月劳动生产力	3.4万/人
	月工作时间	1700小时
	单位时间附加价值	100元

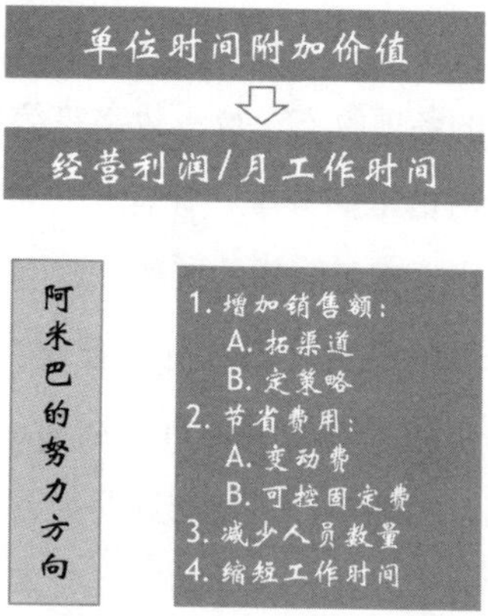

单位时间附加价值
⇩
经营利润/月工作时间

阿米巴的努力方向：
1. 增加销售额：
   A. 拓渠道；
   B. 定策略
2. 节省费用：
   A. 变动费
   B. 可控固定费
3. 减少人员数量
4. 缩短工作时间

图7-8 A公司的阿米巴经营会计实例

图7-8所示，为了简单明了地反映各个阿米巴的经营实态，阿米巴经营会计体系简化了西方管理会计体系中的财务报表项目，使得没有专业财务知识和相关经验的阿米巴巴长和普通员工，也能很容易地理解这些财务数字背后的含义。

阿米巴经营会计体系中有两个重要的财务指标，一个是**边界利润**，另一个是**单位时间附加价值**。下面笔者将结合"强哥餐厅"的案例,对这两个财务指标做简单说明。

边界利润 = 销售额 – 变动费

其中,本案例的**变动费**包括食材费、物流运输费、促销费,指的是随着企业经营规模的扩大,投入金额随之增加的经营项目。

单位时间附加价值指的是该餐厅中的每位员工在单位时间内(1小时)创造出的附加价值。该指标反映的是该企业员工的劳动生产率,也反映出了该餐厅的经营效率。

单位时间附加价值 = 经营利润 ÷ 月工作时间

其中,**经营利润 = 边界利润 – 固定费**,反映的是该阿米巴在一定期间内的整体盈利水平,**固定费**指的是不随企业规模增减而变化的项目,如房租、水电、煤气费用等;**月工作时间**指的是该阿米巴中所有员工的月工作时间总和。

人月劳动生产力 = 边界利润 ÷ 人数

从上面的公式中我们不难看出,只有当人月劳动生产力对应的数值大于员工实际月薪金额,该餐厅才能实现盈利。

那么,通过上述分析,A公司在哪些方向上努力才能改善餐厅(划分为"服务组"和"后厨组"两个阿米巴单元)的经营呢?

结合分析过的此案例中的各项重要指标,有4个改善方向,分别是**增加销售额、节省费用、减少员工数量、缩短工作时间**。

7.2.3 京瓷经营哲学

京瓷经营哲学是阿米巴经营模式中最重要的部分,是阿米巴经营模式的根基。如果不能很好地理解、消化、吸收其真谛,那么即便对经营会计和经营组织部分运用得再熟练,也很难真正让阿米巴经营模式在自己的企业成功落地并形成高收益体制。

京瓷经营哲学，是稻盛和夫在其 60 多年的经营活动中总结提炼的经营思想，概括起来主要有两点：**"利他之心"** 和 **"作为人，何为正确"**。

"利他之心" 的思想是贯穿稻盛和夫一生工作与生活的基本的价值观和行动指针。从稻盛先生的价值观，以及他创建京瓷并经历了一系列挫折后，对京瓷的愿景所做的描述中不难发现他创办企业的初心，他并非为了一己和经营者小团体的利益，而是把实现员工物质和精神两方面的幸福放在了首位。他希望自己所创办的企业可以为所在社区做出贡献。这里的"社区"可以理解为是一个广义的概念，既包括该企业所在的街区、城市，也包括其所在的国家。最后也是最宏大高远的层面，稻盛和夫希望京瓷能够为人类社会的繁荣进步做出贡献。从上述三个层面可以看出，稻盛先生已经不再停留在一个成功企业家的境界，而是上升到了**"把全人类的福祉作为思考的对象"**的哲学家的境界。

稻盛和夫在很多场合讲过，一直支撑他做出正确经营判断的底层价值观，是**"作为人，何为正确"**这一判断标准。体现这一判断标准最著名的案例，是稻盛和夫创立 KDDI 的故事。

案例 7-4　稻盛和夫创立 KDDI

追溯到 20 世纪 80 年代，此时的日本长途电话业务由 NTT（日本电报电话公司，是当时日本最大的通信企业，也是日本国企）一家垄断。稻盛和夫看到日本国民需要支付高额的电话费，认为有必要成立一家通信公司，通过与 NTT 开展公平的市场竞争，让居高不下的电话费降了下来，最终让日本国民受益。

自从有了这个想法，此后的半年时间里，稻盛和夫每晚入睡前都会扪心自问：自己想做通信公司，有无私心？是出于想出名和获利的"私利私欲"吗？经过半年的自问自答，他终于有了结论：他做这家公司没有任何私心，就是希望日本国民能够享受到优质低廉的通信服务。想清楚以后，稻盛和夫马上开始行动，投资1000亿日元（约合60亿元人民币）成立了KDDI，与NTT抗衡。经过多年的经营，KDDI成功在日本上市，成了日本第二大通信公司。而稻盛和夫自己，从成立KDDI之日起，没有拿过一股股票，而是全部分给了KDDI的管理团队和员工，真正体现了他自己所说的**"了无私心"**的大义名分。

此判断标准，也被很好地运用在京瓷各阿米巴经营单元之间的内部交易的场景中。它是制定彼此都能认同的**内部交易价格**时，大家都遵循的判断尺度，即不以获取自己本部门的最大利益为制定价格的出发点，而是以企业整体利益最大化为出发点，互相协调，最终达成一致。

京瓷经营哲学的核心理念，如**"利他精神""共存共荣""利益共同体"**等，同样也是合伙人制度的价值观的基础。

7.3　阿米巴经营模式的成功案例

近20年来，阿米巴经营模式已经在我国上千家企业落地生根，取得了累累硕果。其中不乏创造性地运用阿米巴经营模式，并取得了巨大成功的经典案例。下面介绍两个国内企业的代表性案例。

案例 7-5　韩都衣舍的"三人小组制"模式

韩都衣舍"三人小组制"的正式名称是**"以小组制为核心的单品全程运营体系"**。该体系打破了服装企业传统的设计部门、视觉部门、采购部门、销售部门等部门的边界，整合为"一体化"的服务平台，服务一线部门。其中**产品设计、导购页面制作**与**货品管理**三个非标准环节交由产品小组负责，每个小组一般由设计专员、页面制作专员和货品管理专员三个人组成。每个产品小组，可以被视作一个独立核算的阿米巴经营单元。同时，公司总部提供供应链、IT、仓储、客服等可以标准化的基础功能。韩都衣舍的运营体系如图7-9所示。

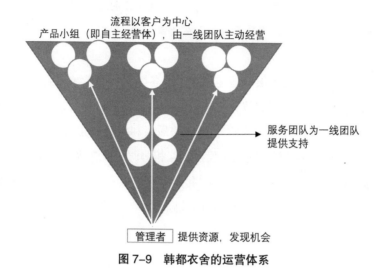

图7-9 韩都衣舍的运营体系

下面让我们来看一看"三人小组制"模式具体是如何运作的。

韩都衣舍在发展初期，先从韩国引进时尚品牌，然后进行二次设计，制成成衣后在淘宝店销售。具体来讲，每个小组根据市场流行趋势，先由本组的设计专员设计服装款式，然后由页面制作专员设计展示页面的信息，最后由货品管理专员对接总部的供应链及仓储等功能团队并负责产品上架。韩都衣舍的"三人小组制"，分工明确，各司其职，形成了产品从设计、生产准备到网店上架的完整闭环。"三人小组制"的构成如图7-10所示。

韩都衣舍最多曾拥有200多个独立的服装品牌，每个品牌都是按照上述"三人小组制"模式运作的。这种模式极大地发挥了公司整体的活力，满足了众多消费者的不同消费需求。

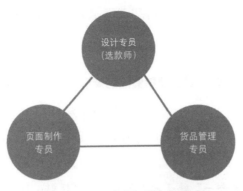

图 7-10 "三人小组制"的构成

不同于传统服装企业,韩都衣舍采用此模式有以下两个优势。

第一,提升了企业整体运营效率,调动了员工的积极性,让人人成为"经营者"。

"三人小组制"的"责、权、利"特点如下。

责任:确定销售任务指标(如销售额、毛利率、库存周转)。

权利:(1)确定款式;(2)确定尺码及库存深度;(3)确定基准销售价格;(4)确定参加哪些促销活动;(5)确定打折节奏和深度。

利益:业绩提成=(销售额-费用)× 毛利率 × 提成系数 × 库存周转率(销售额完成率)。

产品小组更新自动化:每日对销售额进行排名;新小组向原小组贡献培养费(10%)。

第二,高度感知市场动态,减少库存,提高收益率。

由于每个小组对选择服装品牌、款式、定价等拥有高度自主权,可以随着市场的需求变化,及时做出调整。这样一来,就可以解决传统服装企业经常面临的高库存、占压资金等问题,从而实现高收益。

从以上分析不难看出,韩都衣舍作为一个成立于 2008 年的韩国服装代购小店,从年销售额不足 20 万元到超过 300 亿元,从一个淘宝小店蜕变成中国最大的互联网服装品牌生态运营集团，**活学活用**阿米巴经营模式是其成功的主要原因。

案例 7-6　阿米巴经营模式在海尔集团的变形

海尔集团的前首席执行官张瑞敏在 CCTV 的访谈节目中曾经说过，他十分尊敬和钦佩稻盛和夫，也提到过一直在研究并借鉴阿米巴经营模式。

海尔的"**人单合一**"双赢模式，可以理解为："人"就是员工，"单"就是用户，"**人单合一**"就是把员工和用户连接到一起。而"双赢"则体现为员工为用户制造价值的过程中实现自身价值。该模式是阿米巴经营模式的一种变形。广义地讲，这里所说的"人"，既可以是一个员工，也可以是几个员工构成的阿米巴单元。

那么，海尔基于什么原因创造了这种模式呢？原来身处制造业的海尔，当初也面临困扰传统制造业的库存问题等。为了解决信息化时代由于国际市场规模不断增大而引发的竞争，导致日益严重的库存问题、生产成本问题和应收账款问题，海尔将"**人单合一**"模式作为它在全球市场上取得竞争优势的根本保障。

下面让我们来看一看这种模式是如何运作的。

"**人单合一**"模式是精益生产的新发展，也是阿米巴经营模式的一种变形。"**人单合一**"的实质就是目标管理，它是将企业目标分解到各个订单上，将各个订单所承载的责任，以分订单的形式，下发给相关员工，由员工对各自的订单负责。管理部门通过评价各个订单的完成情况，对员工进行绩效考评。

7.4 结合阿米巴经营模式，建立新合伙人制度

7.4.1 阿米巴经营模式与合伙人制度结合的意义

阿米巴经营模式与合伙人制度结合的意义，主要体现在下面两个方面。

1. 补充阿米巴经营模式中的激励机制，助其突破在我国推广时遭遇的瓶颈。

笔者在上文中曾提到，阿米巴经营模式被引入中国后，虽然有了长足发展，在上千家企业中落地并取得了一定成果。但同时由于该模式来自与我国国情及企业文化有很大差异的日本，在国内推广时也曾遭遇过瓶颈。其中最大的课题时，它的激励机制以精神奖励为主，即阿米巴达成经营目标时，不是以奖金等物质奖励形式激励员工，而是采用表彰等嘉奖形式。这种激励模式，对于员工非终身雇佣制且平均在职时间较短的我国国情来说，未必能够被企业界广泛接受。

如果在阿米巴经营模式中引进合伙人制度，将能很好地改变这一窘境。企业把经营良好的阿米巴经营单元法人化，即以此成立有限合伙企业。不仅母公司在此企业投资占股，也让阿米巴巴长和员工投资入股，并且让前者做新企业的负责人，管理日常运营。新企业经过一段时间的运营，步入正轨并产生盈利后，各方股东都可以享受股东分红。阿米巴中的管理者和员工们由原来的"打工人"，变成了"给自己打工"，实现了"人人都成为经营者"的企业愿景。

2. 为阿米巴经营模式建立有效的"裂变模式"，助其健康快速地发展。

前面提到的有限合伙企业如果经营良好，其中的个别优秀员工也希望独立，成立新的有限合伙企业，那么从母公司的角度来看，这将是"孙

公司"层级的法人,也将是一种有效的裂变模式。在"孙公司"层级的新有限合伙企业中,不仅母公司和"子公司"层级的有限合伙企业的管理层可以出资入股,新独立的阿米巴的优秀员工也可以出资入股,并成为该有限合伙企业的合伙人,参与日常经营。GP 和 LP 收益的分红比例,可以采取"同股不同权"的模式,按照各个合伙人在新企业的实绩贡献来进行。

7.4.2 打造新合伙人制度的三步法

在阿米巴经营模式中,可以运用下面的三步法建立合伙人制度。

1. 让阿米巴巴长和员工正确理解合伙人制度的目的和意义。

合伙人制度并不是企业经营活动中可以解决任何问题的"万能药",其实质是一种公司运营管理模式,一种激励机制。对其过度期待,对其作用过度夸大,都不利于企业经营。

企业在阿米巴经营单元中,正确推广合伙人制度的科学合理的做法应该是像最初推广阿米巴经营模式那样,对全公司各个阿米巴单元的巴长和员工,开展一系列主题明确、注重实践和互动的培训。通过这种方式,参加者首先正确理解合伙人制度的目的和意义,其次才是学习具体的合伙人制度的运作手法。这个顺序不能颠倒,否则,导致的结果可能是,仅仅把合伙人制度当作一种工具,而没有其底层的目的和意义作支撑,这样的合伙人制度便没有了"灵魂"。

2. 制订合理的项目推进计划,按部就班,循序渐进。

经过各相关参与方的充分讨论后,制订详细可行的项目推进计划,并按此计划循序渐进地推进。

第一,阿米巴经营单元需要在该计划中制定明确的经营目标。经营目标分为年度和月度经营目标。具体来讲就是，阿米巴单元巴长和员工需要一起讨论决定销售额、成本及利润等数字指标。

第二，需要明确定义，在阿米巴单元达到什么样的经营目标后，引进合伙人制度。例如，阿米巴管理层约定，当本阿米巴当年利润率达到 15% 以上，并实现利润 500 万元的经营目标后，开启引进合伙人制度项目。

3. 由阿米巴成立的新公司，最好采用有限合伙企业形式。

有限合伙企业由于不是独立法人，合伙人变化时不必到工商局登记备案，因此操作起来比较灵活。阿米巴巴长可以作为该有限合伙企业的 GP，负责该有限合伙企业的日常运营管理。母公司及阿米巴中的员工持股平台，作为有限合伙企业的 LP。根据《合伙企业法》（1997 年 8 月 1 日施行，2007 年 6 月 1 日修订）的规定，最多可以有不超过 50 名员工进出该持股平台，而不需要每次有人员变更时做登记备案手续。

7.4.3 与阿米巴经营模式结合时的注意事项

在运用阿米巴经营模式设计合伙人制度时，需要注意以下事项。

1. 母公司投资由阿米巴成立的新公司时，最好是以法人形式投资。

比起以母公司创始人等人的个人名义作为阿米巴新成立公司的股东，用母公司的名义，以法人股东形式投资更为合理。这样一来，对外可以提升总部形象。同时，法人股东相较于个人股东的形式，其稳定性等各方面因素，更有利于参与阿米巴新公司的管理。

2. 投资阿米巴新成立的公司时，最好是母公司成为其控股股东。

成为控股股东就可以对该公司的一系列重要事项、重要决策有控制权。虽然阿米巴的负责人通过各方面考察，被母公司认为是合格的经营者后备军，是阿米巴新公司的"掌门人"，但从公司连锁经营的整体风险管控角度来看，让母公司成为占股超过50%的控股股东，对于公司整体及阿米巴单体的经营稳定性，都有着重大影响。

3. 对阿米巴单体推广合伙人制度，应该本着"逐步导入，循序渐进"的原则。

因为各个阿米巴单体的发展程度、盈利水平以及巴长的经营能力等方面，会存在明显差异，所以，不建议公司总部采取"一刀切"，在所有阿米巴单体中推广合伙人制度。而是要根据一定的标准，选择那些拥有正确的经营理念、经营能力强、盈利好的阿米巴单体做试点推广。根据推广情况，再酌情扩大范围，推广到其他阿米巴组织。

思考

F公司经营着15家宠物连锁店，想在其旗舰店（已引进阿米巴经营模式）试点合伙人制度。请为其设计由F公司、旗舰店店长和店员三方股东构成的新公司的股权架构。新公司将采用有限合伙企业形式，并由F公司控股。

参考答案

以该旗舰店为主题成立有限合伙企业X，合伙人包括F公司（母公司）、店长及核心店员，持股比例分别为51%、25%~35%、14%~24%（注：持股比例总计为100%）。这样的股权安排，既可以保持F公司对X公司（有限合伙企业）的控制权（占股51%，拥有相对控股权），还可以让店长成为第二大股东，起激励作用。同时，核心员工的持股安排，可以通过新设的员工持股平台来实现。

第8章 合伙的社群化

CHAPTER 8

近年来，随着社交媒体等多种形式的新媒体的出现，"社群化"已成为一个流行词语，充斥在互联网中。本章提到的社群化概念，并非狭义的定义，即在社交媒体中建立虚拟社群，再以各种方式触达其中的C端用户；相反地，它是一种广义的定义，是指各成员基于共同的价值观，为了实现共同的目标而组成的虚拟社群。

8.1　合伙模式的终极形态是社群化

合伙模式在公司发展过程中十分重要，不可或缺。用好了它，可以保持公司管理层稳定，业绩加速增长；如果用不好，则会让公司陷入困境，严重的还会导致合伙人分道扬镳，甚至公司解散。

合伙模式一般由内部合伙人和外部合伙人组成，前者主要是公司的股东和核心员工；后者主要是以投资公司为代表的资本方和经销商等上下游合作伙伴。两者之间并不是各自为战的关系，相反地，两者是一个社群化的有机体，助力企业实现稳定发展。

笔者认为，合伙模式虽然有多种形式，但其终极形态是社群化。

8.1.1　生态圈与社群化的异同

国内某著名风险投资机构 M 合伙企业最近 10 年间，累计投资超过 400 家初创企业，取得了亮眼的投资业绩。这些被投企业分布在各行各业，M 合伙企业组织他们成立了一个被投企业俱乐部："XX 会"，并且不定期举办线上和线下会员交流活动。但这些会员活动通常以学习企业经营和链接资源为主。

请大家思考一下，这样的会员组织属于哪种形式呢？是生态圈还是"社群化"组织？笔者认为，上述会员组织只是生态圈的范畴。

接下来将介绍生态圈与社群化的相同点和不同点。

一、两者的相同点

两者都是围绕"中心型"企业构建的虚拟联合体。无论是上文中的 M 合伙企业，还是类似小米集团这样的平台型企业，都可以作为这个"中心型"企业。虽然生态圈和社群化存在的形态及相互关系略有不同，但它们周围都聚集着众多相关企业，形成一个企业矩阵。

二、两者的不同点

（1）生态圈没有明确的价值观，社群化有明确的价值观。

上文中与自己被投企业群构成生态圈的 M 合伙企业，除了"链接会员，对接资源"之外，并没有提出其他明确的、正向积极的价值观。反观"社群化"企业代表小米，则明确地提出了"与'米粉'一起共创卓越小米手机"的价值观，凸显出小米是一家以用户为中心的企业。

（2）生态圈是主从关系，社群化是平等关系。

这一点从上文案例中也可以明显感受到，M 合伙企业与其生态圈中的企业，构成了以前者为中心的"主从关系"，主要以前者为主导，包括从会员活动的策划、运营，到给学员企业提供投后服务。而"社群化"模式中的小米，则是与周围的"小米家族"上下游企业构成了平等关系。后者如果不满意小米给出的合作条件，也可以寻找外部合作伙伴。

8.1.2　社群化模式的基本要素

1. 合伙模式中各成员的核心价值观和经营理念高度一致。

这一点是社群化的基本要素中最重要的一点。当我们衡量真正形成"社群化"模式的企业时不难发现，其合伙模式中的内、外部合伙人其实都拥有相同或相似的核心价值观和经营理念，并能够为实现共同的目标而进行开放型的沟通和协调。例如，某企业为了公司进一步发展而引进了外部投资方和优秀管理人才，希望现有股东同比稀释股权，释放部分股份给予新来者时，全体股东经过商议一致同意此方案，以牺牲自己的部分既得权益，来换取公司更好的发展。

2. 合伙模式中各成员形成了多维复合型的关系，而非单一的关系。

下文的肆拾玖坊与其外部合伙人——著名舞蹈家杨丽萍打造联名品牌，杨丽萍老师既是肆拾玖坊的经销商，也因为喜爱该品牌而成为其忠实的消费者，与品牌方构成了多维复合型的关系。由此可见，合伙模式中各成员角色之间的边界可以变得模糊，从而达到"我中有你，你中有我"的境界。

3. 合伙模式中各成员之间是能力或资源互补的关系。

这一点是显而易见的，只有当合伙模式中各成员之间的能力或资源高度互补，才能使企业的资源配置实现最优化，从而发挥合力，助力企业提升绩效，不断发展。

8.1.3 合伙模式的发展方向是社群化

笔者推断，合伙模式的终极形态是社群化，依据来自以下两点。

1. 各成员拥有共同的信仰和价值观，合伙模式才能稳定和长久。

对于合伙模式中共存的各个成员来说，最重要的不是各自的能力和资源，而是对于共同从事的事业拥有共同的信仰和价值观，同时这些信仰和价值观应该是利他的、积极向上的、相互包容的。只有满足了这些条件，"社群化"模式才能健全发展，合伙模式才可以保持稳定和长久。

2. 社群化具备内生的创新力和向善的动力。

社群化本身具备优越性，具体体现在这样一个对外开放的体系中，各成员本质上都希望所属的企业或组织变得越来越好，自己自然会从中受益。从这个逻辑上来讲，健康的、具有凝聚力的社群拥有的一个重要特征就是具备内生的创新力和积极向善的动力。

8.2 肆拾玖坊的众创模式

随着近年来国内酱香型白酒市场的火热，茅台集团也成了 A 股市场市值最高的公司之一。在竞争激烈的白酒市场，于 2015 年诞生的新品牌"肆拾玖坊"，以众创的模式实现了快速增长，一举成为国内酱香型白酒的三大品牌之一，受到了广大消费者的喜爱和资本市场的追捧。它在如此短的时间内是如何做到这样的成绩的呢？笔者通过研究肆拾玖坊的公开资料，找出了答案。

8.2.1 49 人合伙创业

案例 8-1 肆拾玖坊的创业之路

2015 年 4 月，肆拾玖坊的创始人兼 CEO 张传宗，彼时还是联想集团的一名高管。他在一次出差之余，考察茅台镇之后发现，中国白酒行业品牌林立且品质参差不齐，假冒伪劣白酒也是随处可见。在日后与其他商业伙伴的交流中，他的上述看法引起了大家的共鸣。大家对当时的白酒市场展开了热烈的讨论，认为当下应该推广"健康饮酒，饮健康酒"的正确的饮酒理念，并一致认为国内酱香型白酒市场大有可为，形成了"传承古法工艺，坚持只做纯粮酒"的共同认知。于是，大家决定成立新品牌"肆拾玖坊"，寓意为由 49 位联合创始人共同发起，未来打造包括白酒在内的 49 种好产品，满足中国中产阶级家庭的需要。大家决定，不走传统白酒企业的道路，而是与互联网相结合，打造新生代的白酒品牌。

不久之后，张传宗与 48 名商业精英以跨界众创的方式，筹集了 500 多万元初始资金，成立了肆拾玖坊（天津）电子商务有限公司。新公司主要是生产和销售"肆拾玖坊"品牌的酱香型白酒。

49 位合伙人多数是中年企业家或公司高管，多年在商界经营的经历，让他们每个人都拥有相当广泛的人脉，这些人自然而然地成了肆拾玖坊的潜在客户群。就是这样带着"人格背书式"的圈层化传播，让该品牌在如此短的时间内，从竞争激烈的酱香型白酒市场脱颖而出。

8.2.2 打造"新物种企业"

经过公司的快速发展，肆拾玖坊已经跻身于中国白酒行业一流品牌的行列。截至2021年底，肆拾玖坊已积累了数百万忠实用户，拥有100多家分销商、5000多个新零售终端，覆盖全国34个省级行政区域、200余个地市、1500个县市。其年复合增长率超过了100%，得到资本市场的高度关注，并于2021年连续完成A轮、B轮融资，成为中国创业界和酒行业"现象级"的企业。

肆拾玖坊的分销商和经销商体系在经历了初创期之后，也得到了很大的拓展。由原来的联合创始人背后的个人人脉及渠道资源的联合，逐步拓展到基于相同的价值观、经营理念和消费理念的多种人群，诸如某行业协会、商会、异业合作伙伴、消费者等，使得肆拾玖坊体系变得越发有活力，也更具凝聚力。

中国酒业协会理事长宋书玉评价："肆拾玖坊是中国白酒产业创新发展的探索者，以'恪守品质、科技赋能、助力消费升级、助兴美好生活'为使命，积极贯彻新时代发展理念，其发展成果已经引起产业内的高度关注。肆拾玖坊的积极创新营销模式，推进数字化转型，实现线上、线下深度融合。它重构消费的人货场，改变人和物的链接方式，让社群社交、圈层众创等各种新型营销模式互相融合，代表着新时代创新、开放、分享的发展理念。肆拾玖坊是中国酒业践行新时代高质量发展理念的探索者和杰出代表。"

笔者认为，"新物种企业"的定义可以理解为，坚守正确的价值观和经营理念，以用户为中心，通过互联网和科技赋能，有效地链接不同的社群，为用户提供超出期待的服务和产品的企业。

8.2.3　肆拾玖坊迈入 3.0 阶段

肆拾玖坊在经历了 1.0 阶段的摸索和 2.0 阶段的实践后，取得了惊人的成绩：年复合增长率超过 100%，具备了万吨级酱酒酿造规模，新零售终端数量超过 5000 家。创始人兼 CEO 张传宗宣布，从 2021 年 7 月 1 日起，肆拾玖坊正式迈入 3.0 阶段。下面让我们分别看看这三个阶段都有哪些特色。

一、1.0 阶段

品牌成立的前三年为 1.0 阶段。在这一阶段，肆拾玖坊 49 位联合创始人主要是默默打造产品模式与文化，也称为"潜龙在渊"阶段。

二、2.0 阶段

2018 年 7 月至 2021 年 7 月为 2.0 阶段。这一阶段肆拾玖坊通过众创打造了 5000 多个新零售终端，其中包括 2000 多家门店，3000 多个经销商终端，也经历了很多迭代。这一阶段也称为"见龙在田"阶段。

三、3.0 阶段

肆拾玖坊将聚焦于"扩大产能"和"打造品牌影响力"这两件大事。具体来讲，即计划通过 3~5 年打造 1 万个新零售终端，并且在茅台镇投入建设两个单位产能过万吨的酒厂，致力于 2023 年内构建 3 万吨产能，2025 年内构建 5 万吨产能。除此之外，肆拾玖坊要成为一个公众品牌，从前端、中台到后台都形成强大的、完整的体系。这一阶段也称为"飞龙在天"阶段。

在笔者看来，肆拾玖坊能成为中国白酒企业的新生代代表，并取得如此耀眼的成绩绝非偶然。它被称为"白酒新物种"，在很大程度上是基于与用户协同共创，极大提升了用户体验，重构了白酒的人货场，让自己变成了"离用户最近的白酒企业"。

CEO张传宗还特别强调，在当今充满不确定性的时代，唯有变化才是王道，并且强调了坚持不断进化和创新的重要性。

我们有理由相信，肆拾玖坊未来还将不断超越自我，实现更大的飞跃！

8.3 海尔的"平台型企业"梦想

作为中国家电制造行业的优秀企业代表，海尔几十年来一直在实践自己创立的管理模式，并取得了举世瞩目的成就。海尔经过多年的发展，已由家电制造商逐步进化成"平台型企业"。那么，海尔平台中的各个企业是如何形成"社群化"运营模式的呢？通过海尔的"人单合一"双赢管理模式和"海创汇"平台模式，笔者将带领读者寻找答案。

8.3.1 "人单合一"双赢管理模式

企业的传统组织架构呈现"正三角形"，即由上层管理部门，到中层部门，再到三角形最底部的基层部门的垂直型组织结构。这种组织架构的弊端是，管理指挥系统由上到下传递指令，中间需要经过多个部门，耗时较长，且上层部门未必真正了解直接面对用户的一线部门的需求。

海尔为了避免上述弊端，在参考日本京瓷创始人稻盛和夫开发的"阿米巴经营模式"的基础之上，自主创立了"人单合一"双赢管理模式。其推广的组织架构是"倒三角形"架构，由三级自主经营体组成。这里所说的"自主经营体"是指企业内部最小的经营单元，能独立核算，自负盈亏，同时享有用人权、分红权及决策权等经营上的自主权。具体来说，一级自主经营体是指直接面向用户的各个一线经营组织，比如研发部和市场部等可以整体划做一个大的一级经营体，研发部和市场部下面还可以再划分若干小的一级经营体。二级自主经营体主要是企业内部的管理部门，如财务、人事、法务等部门，主要的功能是为一级经营体提供各种资源和支持。三级自主经营体是公司的战略部门，也就是CEO等海尔高层所在的决策部门，他们为二级经营体提供相应的资源和支持，如图8-1所示。

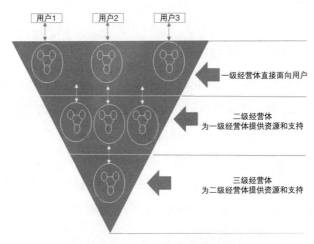

图8-1 "人单合一"双赢管理模式

"人单合一"中的"人"是指上述三级自主经营体，而"单"指的是用户需求。"人单合一"模式的含义是，海尔的三级自主经营体，以用户需求为中心，为用户提供有价值的产品或服务，作为对价，获得相应报酬。

海尔从2006年开始在全集团内采用自主经营体架构，截至2012年6月，海尔把8万多名员工变成了2233个自主经营体。自主经营体改变了原来所建立的事业部制，打破了传统的层级结构，全员面向市场，极大地激发了员工的动力和组织的活力。

随着与外部合作、共创需求的不断增加,海尔在自主经营体模式之上,又开发了"小微企业"模式。不同于以海尔内部创业为中心,采用虚拟企业模式的自主经营体模式,"小微企业"模式是指由外部创客在海尔平台上创业,并注册公司进行运营,海尔平台则给予自身产业资源进行支持。不论是内部创业的自主经营体,还是外部创客组成的小微企业,都成了海尔平台上的虚拟合伙人,共享平台带来的资源,同时彼此之间也可以进行合作,从而形成一个有机、互补的虚拟社群。这样的社群化关系极大地激活了海尔平台的活力和创造力。

8.3.2 "海创汇"平台模式

根据海尔集团的"网络化战略",从 2013 年到 2019 年,海尔的战略目标是从制造家电产品的传统企业转型为面向全社会孵化创客的平台。未来在海尔平台上只有三类人:**平台主、小微企业、创客**。这三类人没有职位上的高低,定位都是共同创业者。海尔通过构建共创、共享、共治的机制,让全社会所有人都能参与其中,围绕用户需求进行创新。海尔则逐步由自导自演的"主角"转变成为创客们搭台唱戏的"配角",演变成以用户为中心的共创共赢社群。

成立于 2014 年的海创汇,是海尔贯彻"网络化战略"的重要布局和实践。海创汇的定位是海尔由"制造产品"的家电制造商,转型为"孵化创客"的孵化平台。与社会上常见的创业孵化器不同,海创汇依托海尔生态产业资源及开放的社会资源,实现了创新与创业、孵化与投资、线上与线下、虚拟与现实的系统组合,为创客们提供六大功能的服务,即创客服务、创客空间、创客金融、创客工厂、创客渠道、创客学院,包含投资、学院、供应链与渠道加速、空间、工厂、创新技术等一站式孵化服务，如图 8-2 所示。

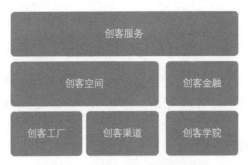

图 8-2　海创汇的六大功能服务

海创汇自创立以来，在短短的时间内就取得了惊人的成绩。根据海尔集团官网的数据，截至 2016 年底，海创汇平台已孵化小微企业 200 个，吸引 30 亿元孵化基金，3 万家销售渠道资源，6 万家制造资源，拥有 3.8 万合伙人，1000 多家风投机构。仔细分析其成功的原因不难发现，正因为海创汇不是一个封闭的海尔内部创业孵化器，而是一个面向全社会开放的，社会上的所有创业者都可以通过它加入海尔平台进行创业的平台，才让它得到了全社会的支持。

从社群化的角度来看，海创汇平台上的三种角色属于广义上的合伙人，他们围绕海尔"用户第一"的核心价值观，聚集在一起，形成了社群化的关系，满足用户需求，为用户提供价值。

8.3.3　打造"无边界的海尔"

张瑞敏曾在很多场合提到，他推行"人单合一"双赢管理模式的核心目的，就是要把海尔变成一个"无边界的海尔"。该模式要求彻底推翻树立在海尔内部各个部门之间的"围墙"，清除各部门之间的沟通障碍，使信息能够在研发、生产、销售、售后维护等内部组织之间自由流动；同时也要推翻海尔与外部用户、供应商、经销商等角色之间的"围墙",将外部资源融入海尔的"大平台"中。按照张瑞敏的构想,未来的海尔是一个无边界的平台型企业。

"无边界的海尔"到底是怎样的一种组织架构呢?它具有哪些标准和职能呢?张瑞敏把"距离"的概念引入了"人单合一"双赢管理模式中,并为"无边界的海尔"设定了两个标准:用户零距离、协同零距离。

一、用户零距离

该标准主要用于衡量海尔外部边界的可渗透程度。张瑞敏曾说明,"人单合一"双赢管理模式的本质是:对外建立一个有机的、动态的网络组织,去黏住外界迅速变化的需求网并创造价值。

"用户零距离"主要聚焦于用户的需求,在此基础上,张瑞敏将其延伸到"外部零距离",即推倒海尔与所有外部利益相关方之间的"围墙",增强海尔外部组织边界的可渗透性。他还将"外部零距离"与"体验经济"结合起来,并认为所谓的"体验经济",其实就是第三次工业革命背景下的互联网经济。

二、协同零距离

这一标准主要用于衡量海尔内部垂直边界和水平边界的"可渗透"程度。垂直边界是指上下级各个部门之间的距离,通常上级部门领导和管理者容易紧握大权不放,以"居高临下"的姿态管理和指挥下属部门。水平边界是指横向同级别部门之间的距离,通常因为存在"部门本位主义"思想,水平部门之间缺乏有效的沟通和协调,容易造成协作不利、无法形成合力的局面。

鉴于此,张瑞敏要求海尔内部"协同零距离",主要体现在两个方面。一方面是要求上层组织中的领导交出权力和资源,给真正有需要的一线员工；另一方面是打破传统的层级管理，把"上下级关系"转变为"契约关系"。

海尔内部"协同零距离"是通过"契约关系"的建立，最终得以实现的。契约关系的本质是价值和利益的交换，在这种关系中，"适者生存，优胜劣汰"是最高原则，只有能够提供价值的部门和个体才能存在。由于海尔内部各个部门之间互为用户，以内部交易定价为基础协同合作，连接各部门的是比一般的承诺更高级的形式——"契约关系"，这种关系使得各部门之间得以建立一种相对平等的关系，因此才能最终实现"协同零距离"，成功打造"利益共同体"的关系。

思考

腾讯投资了包括京东、拼多多在内的 700 多家各个行业的优秀企业。请问腾讯与这些被投企业构成的是生态圈关系，还是社群化关系？

参考答案

腾讯与其被投企业的关系可以理解为是一种社群化关系，即彼此形成的是一种多维的、网状结构的关系。一方面，腾讯既投资了对方企业，同时也提供以微信为中心的网络社交平台，为被投企业的产品和服务提供展现、交易的互联网基础设施；另一方面，被投企业之间也存在各种横向、交错的联系。

第9章 合伙的风险防控

企业在日常的经营活动中会面临各种不确定和风险，其中就包括围绕不同合伙模式产生的各种风险，如图9-1所示。笔者在前文中已经介绍过丧失公司控制权的风险，本章将重点介绍其他常见的风险。

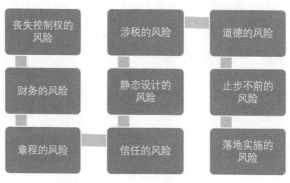

图 9-1　围绕合伙产生的常见风险

9.1 章程的风险

章程是公司运营及治理方面最重要的依据,应该根据本公司自身实际情况"量身定做"。围绕章程可能发生的风险主要有两类:一类是企业家没有根据自身情况,设计适合本公司的章程,而是"图省事",直接使用工商局提供的章程模板,导致章程中存在很多漏洞,为以后的经营埋下了"隐患";另一类是企业家没能识别出合伙方章程中的各种"陷阱",如股东入伙和退出的约定、股权转让的规定等,导致在商业活动中蒙受重大损失。笔者在本文中将针对上述第一类做具体说明。

那么,如何应对这些风险呢?**最佳的方式是,事先预防,事中应对,事后弥补**。其中,事先预防可以带来"未雨绸缪、事半功倍"的效果。

9.1.1 股权转让规定

《公司法》第七十一条规定,有限责任公司的股东之间可以相互转让其全部或者部分股权。

在实务操作中,公司可以在章程中对股权转让成立的条件及优先购买权等事宜做出详细的规定。

一、股权转让成立的条件

企业可以在章程中规定,第一,股东向其他股东转让股权时,必须取得其他股东半数以上的同意,且应就股权转让事宜以书面方式通知其他股东并征得其他股东同意。第二,其他股东应在 15 日内予以书面答复,如果期满时未答复,则视为同意转让。第三,其他股东半数以上不同意转让的,则由不同意的股东购买上述要转让的股权;不购买的股东,则被视为同意转让。

二、优先购买权的规定

对于同意转让的股权,在同等条件下,相较于公司内外部的非股东,其他股东享有优先购买权。当两名以上股东同时主张行使优先购买权时,应当通过友好协商确定各自购买的比例。如果协商无法达成一致意见,则按照转让时各自实际出资的比例行使优先权。公司章程对股权转让另有规定的,从其规定。

9.1.2 对股东资格丧失的规定

章程对股东资格丧失的规定,主要涉及两种情况。一种情况是股东身亡时的股东资格丧失;另一种情况是股东因为自身因素导致被除名。

关于第一种情况,《公司法》第七十五条规定,自然人股东死亡后,其合法继承人可以继承股东资格;但是,公司章程另有规定的除外。

笔者在第2章介绍过春雨医生的案例。2016年10月,春雨医生创始人张锐因突发疾病而离世,由于外界不知道其公司章程中对于股东资格丧失及继承是否有明文规定,因而他的遗孀是否能够继承他的股东资格成了当时社会关注的焦点。为了避免此类突发事件给股东权益及公司经营带来负面影响,企业应该如何在章程中做出相关规定呢?一般来讲,可以在章程中排除股东资格的继承,对此做出明确规定:当股东因意外事故、疾病等导致死亡后,本人股东资格自动丧失;其合法继承人可以继承该股东的分红权,而不能继承该股东的表决权及参与公司运营等其他股东权利。

对于第二种情况,即股东因自身因素而被除名,《公司法》中并没有相关规定。《公司法》仅对股东资格丧失的情形,有以下几项规定。

(1)股东自愿、合法转让其所持有的股权。

(2)自然人股东死亡。

（3）对股东会决议持异议的股东请求公司回购其股权。

（4）人民法院依强制执行程序转让股东的股权。

（5）法人股东解散或破产。

（6）公司解散或破产。

最高人民法院《关于适用〈中华人民共和国公司法〉若干问题的规定（三）》第十八条规定，有限责任公司的股东未履行出资义务或者抽逃全部出资，经公司催告缴纳或者返还，其在合理期间内仍未缴纳或返还出资，公司以股东会议解除该股东的股东资格，该股东请求确认该解除行为无效的，人民法院不予支持。

此外，对于公司章程中股东除名条款的效力，法律（或司法解释）并未规定。笔者认为，**在不违反法律法规的强制性规定，不违背公共秩序和善良风俗、诚实信用原则，且不侵害股东固有的人身、财产权利的情况下，公司章程可以对股东除名进行详细规定。**

当股东资格丧失时，是否意味着公司可以不必向其支付任何对价呢？答案是否定的。通常公司应该向其退还原股本（即原投入的注册资金）或者按照市场价值补偿。

9.1.3 对股东股权回购的规定

对于章程如何定义股东除名的具体事由，虽然《公司法》中未做明确规定，但从上文中不难发现，股东除名需要有正当的理由。例如，股东的言行严重危害了公司及其他股东的利益，或者不再适合持股计划的目的等。

除此之外，关于公司章程的制定还应该注意以下问题。

（1）章程应该遵循《公司法》的规定有效合理地制定，并在工商局做登记备案。

（2）章程应该遵循"公平合理"原则，即在相同或类似情况下，章程相关规定应对所有股东一视同仁，而非只针对个别股东。

（3）可以在章程中规定股东除名的具体事由，并在股东协议中制定股权回购的具体步骤。例如，股东协议中规定当股东被除名后，由公司出资回购其股权。此时需要减少注册资本（减资），并到相关部门办理有关手续；也可以规定由其他股东出资回购被除名股东的股权，此时则不需要减少注册资本。

9.1.4　章程与股东协议的关系

章程和股东协议都是公司运营管理方面重要的法律文件，两者不同之处在于，章程是公司成立时需要提交给工商局的公开披露文件；而股东协议是只在公司内部股东之间公开的文件。所以，前者可以制定公司治理的一般性原则，而无须公开公司内部的敏感信息，如股东构成、出资及持股比例，股东入伙及退出条件等；后者可以制定一些灵活、详细且公司不想公开的规定，如股权激励计划、股权回购价格等详细内容。

在实务操作中，章程和股东协议有很多重合之处。公司在创立之初，创始股东之间一般会签署股东协议，约定出资、分红、公司设立费用、公司运营管理等相关规则，有时还会涉及股权转让、股权回购、股权激励等事项，这些内容一般多见于章程中。

笔者建议，围绕章程和股东协议的关系，应当注意以下几个问题。

（1）章程和股东协议应该尽可能保持一致。通常，股东之间先制定股东协议，然后在法律允许的范围内把其内容落实到章程中。

（2）所有《公司法》没有明确规定，而章程有权处理的事项，都可以通过股东协议来处理。例如，关于股权激励，在章程中只制定大致安排，而在股东协议中对实施的条件等具体内容可做详细规定。

（3）股东不愿意对外公开的内容，建议放在股东协议中。由于公司章程是可以对外公开的，因而建议放入一般性公司治理原则等内容中。

9.2 涉税的风险

在第 5 章 "5.3 企业的 IPO 之路"一节中，笔者详细说明了企业从初创到 IPO 上市的十一个阶段。其中有多个阶段涉及股权转让、股权激励及股权回购等带来的涉税问题。由此可见，围绕合伙人制度的涉税事项是一个企业家无法绕开的问题，而且是必须高度重视的经营课题。如果涉税事项处理得不好，将会给企业带来巨大的损失。

9.2.1 股权转让中的涉税问题

案例 9-1　股权的平价转让是否需要缴纳个税？

北京 M 公司成立于 2015 年 7 月，注册资金为 1000 万元，有甲、乙、丙三位自然人股东，三个人所占股权比例分别是 70%、20%、10%。2018 年 10 月，甲股东将其持有的 40% 的股权转让给天津 N 公司，股权转让金额为 400 万元（见图 9-2），但甲并未缴纳个人所得税。对此交易，甲股东认为自己是按照股权的原始价格转让的，属于平价转让，转让过程中未发生增值，故不必缴纳个人所得税。

当地税务局稽查分局根据《股权转让所得个人所得税管理办法（试行）》（国税总局公告 2014 年第 67 号）第十四条第一款的规定，同时 M 公司没有第十三条所规定的对股权转让收入明显偏低且无正当理由的四种情形（见下文），告知甲股东该股权转让价格明显低于相对应的净资产价格，故应依法缴纳个人所得税。

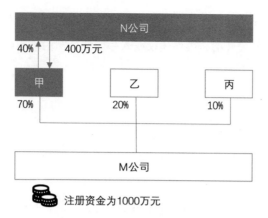

图 9-2 股权转让架构

第十三条：符合下列条件之一的股权转让收入明显偏低，视为有正当理由：

（一）能出具有效文件，证明被投资企业因国家政策调整，生产经营受到重大影响，导致低价格转让股权；

（二）继承或将股权转让给其能提供具有法律效力身份关系证明的配偶、父母、子女、祖父母、外祖父母、孙子女、外孙子女、兄弟姐妹以及对转让人承担直接抚养或者赡养义务的抚养人或者赡养人；

（三）相关法律、政府文件或企业章程规定，并有相关资料充分证明转让价格合理且真实的本企业员工持有的不能对外转让股权的内部转让；

（四）股权转让双方能够提供有效证据证明其合理性的其他合理情形。

综上所述，当地税务局稽查分局认定甲股东应按 M 公司净资产来核定股权转让计税金额，经中立第三方审计后，M 公司的净资产金额为 3100 万元。根据相关规定，甲股东转让 40% 的股权应缴纳个人所得税金额为 168 万元［（3100 万元×40%-400 万元）×20%］。

由于甲股东事前没有意识到会按上述方法征缴个人所得税，于是与受让方 N 公司协商，将股权转让价调整为 990 万元。按照新转让价格计算,甲股东的应缴个人所得税变为 50 万元 [(3100 万元 ×40%-990 万元)×20%]。

除此之外,甲股东和受让方 N 公司还需要分别缴纳 0.05% 的印花税。

9.2.2 股权激励中的涉税问题

案例 9-2 大股东李四的行为是否有涉税风险?

拟上市企业 S 公司按 10 元/股的价格给研发总监甲 10 万股限制性股票,甲只需出资 4 万元即可购买。甲咨询了税务局后被告知:按照当前税法的规定,甲的股票收入属于工薪所得,需要按照 3%~45% 的税率纳税。根据国务院[2015]第 80 号文件的规定,延迟 6 个月缴税,并可以分期 5 年缴纳。但甲本人感觉税负较重。

于是,甲找到 S 公司实控人——大股东李四,希望能够找到合理的办法适当减轻其税负。大股东李四咨询笔者的意见,笔者为其制定了如下股权激励方案。

实控人李四以 6 元/股的价格转让 10 万股股票给甲,而前者的持股成本为 3 元/股,甲为此只需要象征性地支付转让款 10 万元。此时甲的出资属于投资,而非薪资收入,因而不再适用上述关于工薪所得的相关规定。将来如果甲出售该股票,则只需缴纳 20% 的个人所得税即可。这样的安排起到了合理合法地减轻税负的作用。

但大股东李四需要为其股权转让缴纳个人所得税 6 万元 [(6 元 –3 元)× 10 万 ×20%]。

公司赠送股票给员工时,受让方需要按照工薪所得对应的税率(即 3%~45% 的税档)纳税;而采取公司大股东转让股权的方式时,因前后两者适用的税率不同,有时计算结果会相差很大。一般来讲,后者适用

20%的个人所得税率缴税，是比较合理的选择。

大股东李四在本案例中以超低价赠送股票给甲，存在涉税风险。依据国税总局公告2014年第67号第十一条的相关规定：符合下列情形之一的，主管税务机关可以核定股权转让收入。

（一）申报的股权转让收入明显偏低且无正当理由的。

因此，税务局可以核定征收，可以按照公司的公允值（即公司最近期的股权转让价格）做核定。由此可见，赠送股票的风险在于，大股东李四可能会被核定征税。

此外，2021年财政部、税务总局公布了关于权益性投资经营所得个人所得税征收管理的公告。（内容详见附件9-1。）

附件9-1 财政部 税务总局公告2021年第41号

为贯彻落实**中共中央办公厅、国务院办公厅《关于进一步深化税收征管改革的意见》**有关要求，深化"放管服"改革，现就**权益性投资经营所得个人所得税征收管理**有关问题公告如下：

一、持有股权、股票、合伙企业财产份额等权益性投资的个人独资企业、合伙企业（以下简称独资合伙企业），一律适用查账征收方式计征个人所得税。

二、独资合伙企业应自持有上述权益性投资之日起30日内，主动向税务机关报送持有权益性投资的情况；公告实施前独资合伙企业已持有权益性投资的，应当在2022年1月30日前向税务机关报送持有权益性投资的情况。税务机关接到核定征收独资合伙企业报送持有权益性投资情况的，调整其征收方式为查账征收。

三、各级财政、税务部门应做好服务辅导工作，积极引导独资合伙企业建立健全账簿、完善会计核算和财务管理制度、如实申报纳税。独资合伙企业未如实报送持有权益性投资情况的，依据税收征收管理法相关规定处理。

四、本公告自2022年1月1日起施行。

特此公告。

2016年9月20日，国务院批准了财政部、国家税务总局《关于完善股权激励和技术入股有关所得税政策的通知》(财税〔2016〕101号)，详见附件9-2。笔者认为，该文件对于新三板等非上市公司实施员工股权激励计划，是一个利好文件。随着北交所的开市，新三板今后也会广受关注，建议企业家们研读参考该文件。

附件9-2　财政部　国家税务总局《关于完善股权激励和技术入股有关所得税政策的通知》

为支持国家大众创业、万众创新战略的实施，促进我国经济结构转型升级，经国务院批准，现就完善股权激励和技术入股有关所得税政策通知如下：

一、对符合条件的非上市公司股票期权、股权期权、限制性股票和股权奖励实行递延纳税政策

（一）非上市公司授予本公司员工的股票期权、股权期权、限制性股票和股权奖励，符合规定条件的，经向主管税务机关备案，可实行递延纳税政策，即员工在取得股权激励时可暂不纳税，递延至转让该股权时纳税；股权转让时，按照股权转让收入减除股权取得成本以及合理税费后的差额，适用"财产转让所得"项目，按照20%的税率计算缴纳个人所得税。

股权转让时，股票（权）期权取得成本按行权价确定，限制性股票取得成本按实际出资额确定，股权奖励取得成本为零。

（二）享受递延纳税政策的非上市公司股权激励（包括股票期权、股权期权、限制性股票和股权奖励，下同）须同时满足以下条件。

1. 属于境内居民企业的股权激励计划。

2. 股权激励计划经公司董事会、股东（大）会审议通过。未设股东（大）会的国有单位，经上级主管部门审核批准。股权激励计划应列明激励目的、对象、标的、有效期、各类价格的确定方法、激励对象获取权益的条件、程序等。

3. 激励标的应为境内居民企业的本公司股权。股权奖励的标的可以是技术成果投资入股到其他境内居民企业所取得的股权。激励标的股票（权）包括通过增发、大股东直接让渡以及法律法规允许的其他合理方式授予激励对象的股票（权）。

4. 激励对象应为公司董事会或股东（大）会决定的技术骨干和高级管理人员，激励对象人数累计不得超过本公司最近6个月在职职工平均人数的30%。

5. 股票（权）期权自授予日起应持有满3年，且自行权日起持有满1年；限制性股票自授予日起应持有满3年，且解禁后持有满1年；股权奖励自获得奖励之日起应持有满3年。上述时间条件须在股权激励计划中列明。

6. 股票（权）期权自授予日至行权日的时间不得超过10年。

7. 实施股权奖励的公司及其奖励股权标的公司所属行业均不属于《股权奖励税收优惠政策限制性行业目录》范围（见附件）。公司所属行业按公司上一纳税年度主营业务收入占比最高的行业确定。

（三）本通知所称股票（权）期权是指公司给予激励对象在一定期限内以事先约定的价格购买本公司股票（权）的权利；所称限制性股票是指公司按照预先确定的条件授予激励对象一定数量的本公司股权，激励对象只有工作年限或业绩目标符合股权激励计划规定条件的才可以处置该股权；所称股权奖励是指企业无偿授予激励对象一定份额的股权或一定数量的股份。

（四）股权激励计划所列内容不同时满足第一条第（二）款规定的全部条件，或递延纳税期间公司情况发生变化，不再符合第一条第（二）款第4至6项条件的，不得享受递延纳税优惠，应按规定计算缴纳个人所得税。

二、对上市公司股票期权、限制性股票和股权奖励适当延长纳税期限

（一）上市公司授予个人的股票期权、限制性股票和股权奖励，经向主管税务机关备案，个人可自股票期权行权、限制性股票解禁或取得股权奖励之日起，在不超过12个月的期限内缴纳个人所得税。《财政部 国家税务总局关于上市公

司高管人员股票期权所得缴纳个人所得税有关问题的通知》（财税〔2009〕40号）自本通知施行之日起废止。

（二）上市公司股票期权、限制性股票应纳税款的计算，继续按照《财政部 国家税务总局关于个人股票期权所得征收个人所得税问题的通知》（财税〔2005〕35号）、《财政部 国家税务总局关于股票增值权所得和限制性股票所得征收个人所得税有关问题的通知》（财税〔2009〕5号）、《国家税务总局关于股权激励有关个人所得税问题的通知》（国税函〔2009〕461号）等相关规定执行。股权奖励应纳税款的计算比照上述规定执行。

三、对技术成果投资入股实施选择性税收优惠政策

（一）企业或个人以技术成果投资入股到境内居民企业，被投资企业支付的对价全部为股票（权）的，企业或个人可选择继续按现行有关税收政策执行，也可选择适用递延纳税优惠政策。

选择技术成果投资入股递延纳税政策的，经向主管税务机关备案，投资入股当期可暂不纳税，允许递延至转让股权时，按股权转让收入减去技术成果原值和合理税费后的差额计算缴纳所得税。

（二）企业或个人选择适用上述任一项政策，均允许被投资企业按技术成果投资入股时的评估值入账并在企业所得税前摊销扣除。

（三）技术成果是指专利技术（含国防专利）、计算机软件著作权、集成电路布图设计专有权、植物新品种权、生物医药新品种，以及科技部、财政部、国家税务总局确定的其他技术成果。

（四）技术成果投资入股，是指纳税人将技术成果所有权让渡给被投资企业、取得该企业股票（权）的行为。

四、相关政策

（一）个人从任职受雇企业以低于公平市场价格取得股票（权）的，凡不符合递延纳税条件，应在获得股票（权）时，对实际出资额低于公平市场价格的差额，按照"工资、薪金所得"项目，参照《财政部 国家税务总局关于个人股票期权所得征收个人所得税问题的通知》(财税〔2005〕35号)有关规定计算缴纳个人所得税。

(二)个人因股权激励、技术成果投资入股取得股权后,非上市公司在境内上市的,处置递延纳税的股权时,按照现行限售股有关征税规定执行。

(三)个人转让股权时,视同享受递延纳税优惠政策的股权优先转让。递延纳税的股权成本按照加权平均法计算,不与其他方式取得的股权成本合并计算。

(四)持有递延纳税的股权期间,因该股权产生的转增股本收入,以及以该递延纳税的股权再进行非货币性资产投资的,应在当期缴纳税款。

(五)全国中小企业股份转让系统挂牌公司按照本通知第一条规定执行。

适用本通知第二条规定的上市公司是指其股票在上海证券交易所、深圳证券交易所上市交易的股份有限公司。

9.2.3 股权对赌的涉税问题

案例9-3 股东张三的行为是否有涉税风险?

上海A公司是股东张三持有的广州B公司的小股东,持股比例为10%。由于B公司发展形势喜人,A公司以"现金+换股"的方式取得B公司50%的股权,实现了对其控股的目的。A、B两家公司就此交易签署了业绩对赌协议,受让方B公司向收购方A公司承诺,在2017—2019年三个财政年度中,每年实现的净利润金额分别不低于2000万元、2500万元和3500万元。如果无法实现上述业绩目标,B公司实控人股东张三将以现金补足其承诺的净利润金额与实际实现的净利润之间的差额。如果B公司如约实现了上述承诺的净利润,A公司则每年以超额利润的15%对张三进行奖励。

请大家思考一下,如果股东张三获得了上述奖励,是否需要缴税呢?

答案是肯定的，即股东张三届时需要缴纳个人所得税。

一般来说，股权对赌协议是依据《股权转让所得个人所得税管理办法（试行）》（国家税务总局公告 2014 年第 67 号）第九条的规定（即"纳税人按照合同约定，在满足约定条件后取得的后续收入，应当作为股权转让收入"）来操作的。

因此，本案例中的股东张三，其在 2017—2019 年拟取得的超额利润 15% 的奖励应被视作股权转让收入的一部分，应按此调整股权转让收入的应纳税收入，并每年（上述约定的三年期间）补缴个人所得税。这样处理会带来股权转让收入的频繁调整，对税务征管来说，实务操作层面烦琐、复杂。

同时，上述处理也会增加交易双方的管理成本。如果三年内股东张三未能实现已承诺的业绩对赌目标，那么他将要对 A 公司进行补偿；相反，实现目标时，A 公司则须对股东张三进行奖励。这样反复调整的过程中会耗费双方的人力和物力成本。

该对赌条款中还隐藏着一个风险，那就是当股东张三拟取得奖励收入被视作股权转让的一部分，按要求缴纳个人所得税后，在张三未能实现对赌要求，并未获得该奖励时，税务机关是否应该退还其已缴个税尚未明确规定。由此可见，涉及对赌协议时，对于当事者所在的企业或者个人都存在风险，需要谨慎对待。

9.3 静态设计的风险

日本"经营之圣"稻盛和夫为了保持京瓷的活力，避免组织僵化，经常对企业的组织结构做动态调整。这一经营思想同样适用于合伙人模式。企业只有不断随着外部经营环境及自身内部的变化而变化，通过股权分期释放机制、股权激励等制度的动态设计,给股东和合伙人施以一定的、积极的压力,才能够使其保持不断进取的斗志,进而为企业和社会创造更大的价值。

9.3.1 股权分期释放机制

股权分期释放机制多见于创始股东之间的股东协议中,是为了确保股东们能够全心投入公司经营而制定的一种约束机制。具体来讲就是,各创始人在公司创立初期无法取得全部股权,需要分期成熟兑现。如果在约定期间内,出现创始人在外兼职等情形,那么其他创始人可以按照事先约定的价格回购退出创始人的股权。这种机制的作用在于防止创始人一边在公司以外兼职,一边享受公司的股东待遇。这种股权释放的动态设计,有效地保证了创始人的稳定,是公司成长与创始人之间利益绑定的有效手段。

因此,公司创始人股东应当在签署股东协议(书面协议)时,约定股权分期释放的具体兑现方式。根据公司所属行业和公司规模的不同,常见的股权兑现方式如表 9-1 所示。

表 9-1 股权分期释放兑现方式

方案一	方案二	方案三
逐年递增,第1年15%,第2年15%,第3年20%,第4年20%,第5年30%	任职满2年兑现50%,满3年兑现70%,满4年兑现85%,满5年兑现100%	约定5年,每年兑现20%

9.3.2 股权及分红权的动态分配模式

9.3.1 中介绍的股权分期释放机制主要用于公司初创时,约束创始合伙人在一定期限内将精力集中于本企业的经营上。与之不同的是,本小节介绍的股权及分红权的动态分配模式,主要用于定义股东的业绩达成程度与股权释放的关系。

案例9-4　S公司如何动态分配30%的股份？

S公司初创时有张三、李四、王五三个自然人股东，其中，张三与李四为公司经营者，既出资也出力；王五是张三的朋友，为战略投资者，不参与公司的日常经营，属于"只出资不出力"。

S公司的注册资金为100万元，张三、李四、王五分别出资60万元、20万元、20万元。S公司成立3个月后，三位股东的出资均已实缴完毕，他们协商后决定，为了确保股东们的贡献能够公平合理地体现在股权及分红权上，故设立人力股。资金股和人力股按照3∶2的比例设定。三位股东资金股占比分别为36%、12%、12%；预留40%为人力股，并约定由第一大股东张三代持。

因此，张三、李四、王五在工商局注册登记时的持股比例分别为76%（36%+40%）、12%、12%（注：股东的持股比例、分红权比例、认缴公司新增资本比例可以与出资比例不同，但这些需要在公司章程中做出特别约定。如果没有此类特殊约定，那么上述三个比例应与股东实际出资比例一致）。

张三、李四、王五三位股东对人力股做出如下约定：一是拿出30%对参与公司经营的股东（包括张三和李四）进行奖励，且在随后的3个关键事件完成时逐步解锁释放（注：关键事件是指在公司发展过程中有着重要影响的事件，如融资案件、销售额及利润大幅提升、并购等）；二是将剩下的10%的股份作为内部员工持股平台。

1. 关键事件

张三、李四、王五约定的3个关键事件如表9-2所示。

表 9-2 关键事件

关键事件	关键事件的条件	解锁比例
E1	销售收入达到3000万元或净利润达到450万元	10%
E2	对外融资金额超过2000万元	10%
E3	核心产品批量生产且合同订单超过3000万元	10%

2. 贡献值的确定

上述关键事件只是确定了 30% 的人力股的释放条件，还需要确定在达成各个关键事件且释放股权时，股东张三和李四以何种标准（贡献值）来取得各自相应的股份。

贡献值的设定可以有不同维度的指标。例如，股东投入的技术、设备、对外融资的贡献、资金投入（与自己打工时的薪资差额）等指标。以这些指标为基础，辅以计算公式，便可以得出各股东各自应得的人力股股份（注：前提是达成上述关键事件）。

9.3.3 经销商合伙人的动态合伙模式

企业在发展壮大的过程中，离不开上下游企业的协作，以打造一个"以本企业为中心"的生态圈。在该模式中，经销商扮演着重要的角色。在企业发展到一定阶段后，应当把经销商变成外部合伙人，以增强围绕"生态圈"的凝聚力；同时，也需要设计经销商合伙人的动态合伙模式，让其保持不断发展的活力。

案例 9-5　经销商合伙人的动态合伙模式

A 公司是一家研发、生产和销售健康食品的企业，注册资金为 1000 万元，由自然人股东甲和乙，以及员工持股平台（有限合伙企业 B）组成，分别占股 65%、25% 和 10%。A 公司发展迅速，为了进一步调动经销商的积极性，A 公司决定成立经销商持股平台（有限合伙企业 C），股东甲和乙分别让渡 A 公司 5% 的股份给 C。甲作为 C 的 GP，占有份额 1%；10 家经销商成立经销商持股平台，进入 C，成为 LP，占有份额 99%。与此同时，约定对进入有限合伙企业 C 的经销商采取"末位淘汰制"。具体的做法是，每年年末对经销商合伙人的销售收入进行排名，末位 10%（即排名榜第 10 名）的经销商将被淘汰，退出经销商合伙平台。表现优异的经销商（非外部合伙人）上位进入有限合伙企业 C，成为 LP。第二年，如果上一年被淘汰的经销商的销售业绩优异，那么依然有机会重返该经销商持股平台。通过这种动态设计，在经销商之间形成了积极且良性的竞争氛围，各经销商比采用动态设计之前更具活力。经销商持股平台的架构如图 9-3 所示。

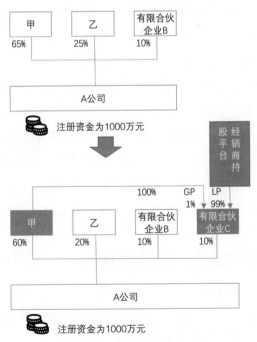

图 9-3　经销商持股平台架构

9.4 落地实施的风险

大型企业或上市公司拥有雄厚的资金实力、丰富的经营资源和业务实操经验,诸如"合伙人计划"这类新项目对其来说可能是第 N 个项目,只是"锦上添花",让其"小河沟里翻船"的概率很小。

但对于广大中小企业来说,情况则截然不同。由于大多数中小企业面临经营资源缺乏、发展资金不足、高端专业人才难觅的局面,需要在发展的关键时期,适时引进合伙人模式,以留住公司需要的人才,促进公司的发展。但这其中也隐藏着许多风险。若企业能处理好这些风险,那么合伙人模式对于公司发展将是很好的助推器。它不仅适用于中小企业,也适用于初创企业,同样适用于传统企业。

笔者通过观察发现,一些中小企业的企业家虽然设计了"雄心勃勃"的合伙人计划,但在实际操作的过程中,由于种种原因,导致合伙人计划都不能顺利落地。笔者认为,落地失败的主要原因是没能处理好与合伙人计划相关的"天时、地利、人和"这三要素。

所谓"天时",是指推广合伙人计划的时机。如果时机选择不当,那么再好的计划也有可能化为泡影。"地利"是指实施合伙人计划时一定要循序渐进,不可图快。需要选择业绩良好的单店或部门作为试点先试验,积累经验后再推广到其他部门。"人和"是三要素中最重要的因素,是指公司 CEO、核心管理层人员和全体员工对实施合伙人计划能够做到"上下同欲、齐心协力"。下面将按照优先顺序,分别展开说明这三要素。

9.4.1 落地实施是"一把手"工程

"人和"要素中最重要的一点是,公司"一把手"是否支持,这决定了合伙人计划能否成功落地。换句话说,合伙人计划的落地实施是名副其实的"CEO 工程",具体体现在以下三个方面。

1. 公司 CEO 只有让全公司理解推广合伙人计划的大义名分，才能取得全体员工的支持。

合伙人计划的内容本身固然重要，但比这更重要的是它能赢得全公司上下的大力支持。要想达到这个目的，只有 CEO 不断在公司内部宣讲推广合伙人计划的大义名分，即并非是为了实现公司高层的财富增长，而是借此帮助公司获得更多的内外部经营资源，如资金和人才等，然后实现公司进一步发展，最终让全体员工受益。反复地向全体员工传输这些思想后，相信他们会与公司高层在思想上达成一致，最终理解实施合伙人计划的目的，并且会大力配合。

2. 有些决策只有 CEO 才能拍板决定。

合伙人计划包括内外部合伙人等计划，涉及很多层面的利益关系。有些关键决策，如实施该计划的时机、适用对象、评估标准等，必须由公司"一把手"最终拍板决定。

3. 计划实施中的关键节点，需要 CEO 的坚定支持方能推进。

在落地实施过程中的关键节点，执行部门如果得不到 CEO 的坚定支持，那么可能会导致落地的失败。例如，公司实施员工股权激励计划，但符合条件的员工购买意愿不高时，CEO 需要站出来支持推广部门，让相关员工理解实施该计划的目的和意义。

9.4.2 管理团队的作用至关重要

管理团队的作用主要体现在以下两个方面。

1. 起到承上启下的作用，即成为连接公司 CEO 和全体员工的桥梁。

推广合伙人计划的具体执行者主要是管理层团队，即相关部门的管理人员。他们如果不能很好地领会 CEO 推广合伙人计划的意图,那么实施的效果会打折扣。同时,他们如果不能让员工理解推广该计划的意义,该计划将很难成功落地。

2. 与核心部门的核心人物进行有效沟通。

在推广过程中不难发现,关键部门的态度对于整个计划的落地起着举足轻重的作用,如公司中的研发部门和市场部门等。而与这些关键部门的关键人物进行充分、有效的沟通,可以促使计划顺利实施。

9.4.3 全体员工的支持必不可少

古语讲,"水可载舟,亦可覆舟",这句话用在这里再恰当不过了。当没有取得广大员工的普遍支持时,再宏伟的计划也很难落实执行。那么如何做才能获得全体员工的支持呢?笔者认为主要从以下两个方面入手。

(1)需要公司高层包括 CEO 及管理团队就此计划的目的和意义进行反复宣讲,让全体员工理解该计划对于公司今后的发展和每位员工的权益的重要性,向全体员工说明公司需要大家的支持和参与。

(2)要把该计划的相关信息公开透明地展示出来,以取得全体员工的信任。例如,计划实施的具体背景、适用对象和其应满足的条件,以及将带给公司和员工的收益等信息。

9.4.4 选择最佳时机

"天时"也是落地实施中的重要因素,是指推广合伙人计划的最佳时机。笔者根据多年项目实操经验,认为最佳时机主要有以下两个。一个是公司处于上升发展期时,员工对于公司的未来发展充满期待,也寄希望于从中获得相应的收益回报。此时推广员工持股计划,大多数情况下员工们会出资参与、积极响应。另一个是公司处于危机时，此时公司急需找出有效对策，提高员工士气，助力公司尽早走出危机状况。

9.4.5 循序渐进是王道

俗话说，"欲速则不达"。这个道理同样适用于合伙人制度的推广。"循序渐进，先行试点，推广复制"是合伙人计划成功落地的王道。具体来讲，首先需要从全公司中找出业绩和员工能力水平比较高的部门或单店，进行试点。综合分析试点过程中出现的问题及各方反馈意见等信息，并对合伙人计划做出微调或改进。待试点中的问题都得到妥善解决之后，再把合伙人计划推广到全公司各个层面。这样一来，就可以大幅提升合伙人计划落地成功的概率。

思考

请大家为初创公司 A 的章程设计关于股东资格丧失及继承的相关规定。注意：请列举出发生的代表性场景及相应的股权安排事宜。

参考答案

初创公司 A 的章程中，对于股东资格丧失及继承的相关规定，主要包括正常情况和非正常情况两种情形。前者主要包括股东离职、套现退出等；后者主要包括股东因违法乱纪而涉及刑事案件，或者由于意外事故、疾病等导致身故。另外，应该明确规定，当原股东资格丧失时，其法定继承人不能自动继承其股东资格，只能继承该股权所享有的分红权，即对公司收益的分红权。

第 10 章

志存高远,合伙共赢

笔者在国内首先提出了"合伙力"的概念,以及"合伙力"公式:

合伙力 = 共同的价值观 × 互补的能力 × 勤勉尽责的热情

笔者在第 1 章中提出了合伙模式落地的六维模型,即顶层设计、模式设计、股权设计、资本策划、财税法律和合伙力。其中,合伙力可以理解为是六维模型这座大厦的根基,是合伙模式中的"道"。没有了它,设计得再巧妙的合伙模式,也将变成"无源之水"。

从本章介绍的国内外优秀企业的真实案例中我们不难发现,它们的成功实践,都可以用上述"合伙力"公式印证。

10.1 时代呼唤"真合伙"

我们身边经常上演合伙人之间因为各种问题不欢而散,甚至对簿公堂的故事;相反地,也有像华为和阿里巴巴这样推广"全员成为合伙人"文化,实施了合伙人制度并取得了巨大成功的公司。

如果暂且把前者称作"假合伙",把后者称为"真合伙",那么两者之间有哪些不同呢?

其他姑且不论,有一点是毋庸置疑的,那就是当今时代,我们的社会需要的是,能给社会和企业及全体员工带来附加价值、做出积极贡献的"真合伙"关系。而不是只顾追求个人或小集团的"私利私欲",而忽视企业的长期利益的"假合伙"关系。

10.1.1 不确定性时代的"不变法则"

迈入 21 世纪后,我们处在一个科技发展日新月异,商业竞争日益激烈的时代。英国著名作家狄更斯在《双城记》中提到,这是一个最好的时代,也是一个最坏的时代。这句话同样适用于我们所处的时代。

在这个充满变化和不确定性的时代,什么是瞬息万变时代的"不变法则"呢?

美国电商巨头亚马逊的创始人贝索斯曾说过,不要问未来 10 年什么会被改变,而是要问,未来 10 年什么不会被改变。如果你抗拒这些趋势,那么你可能就是在抗拒未来,只有拥抱它们,你的道路才会顺风顺水。

笔者认为,关于不确定性时代的"不变法则",贝索斯已经给出了提示,那就是:要随着时代的变化而不断进化,与时俱进。唯有这样,才能驾驭时代的趋势,永不落伍。

这一法则是关于变化的"第一性原理",即普遍性真理。它覆盖了生活和工作的方方面面,不仅适用于商业活动中如何制定商业战略,同样也适用于合伙人制度和股权设计。

10.1.2 "真合伙"的定义

案例 10-1　浙江 A 公司的合伙人散伙闹剧

　　1993 年，王总创立了 A 公司，主要生产和销售汽车发动机配件。经过 10 多年的发展，A 公司成了国内该领域的龙头企业，也进入了发展瓶颈期，年销售额徘徊在 3 亿元左右。

　　为了公司今后有更大的发展，王总决定从外部引进职业经理人，以提升公司管理水平，让公司发展进入快车道，并计划 5 年后上市。2006 年 7 月，王总招聘了世界 500 强前高管等 5 位外企高端人才加入公司，负责管理销售等部门。王总还以很低的内部价格让渡了自己的部分股份，让 5 位外企高端人才都持有了 A 公司的股权，成了名副其实的合伙人股东。但王总并没有在股东协议中约定退出的机制和条件。这就为后来的悲剧埋下了一个隐患。

　　起初，"空降部队"——外来高管们并没有让王总失望，他们工作都很努力。毕竟他们都知道，"干得多，挣得也多"这个道理。几年下来，A 公司的年销售额从 2006 年的 3 亿元跃升到了 2008 年的 6 亿元。这样的业绩，王总和上述 5 位股东合伙人都看在眼里，喜在心里。因为他们知道，公司离上市的目标越来越近了，距离个人财富变现的前景只有"一步之遥"。

　　可谁也没有料到，2008 年爆发了全球金融危机。全球汽车市场一落千丈，A 公司也未能幸免：订单锐减，年销售额减少了 80%，公司处于"生死存亡"之际。就在此时，令王总万万没想到的是，这 5 位股东合伙人见公司陷入危机，竟然集体提出了辞职，更有甚者，他们居然要求王总按照当时公司的估值，回购他们的股票。

由于没有事先在股东协议中约定股东退出的方式及回购价格，王总只能按照对方的方案拿出现金回购股份。但是，当时 A 公司账面现金不足以支付回购款，王总实在是走投无路，只得变卖自己的住宅，这才凑够了数目。王总此时真正感受到了什么叫作"请神容易送神难"。

经过这一次的股东合伙人集体辞职和退股事件之后，王总元气大伤，经过 3 年才东山再起。

从上述案例中不难看出，那些外来的股东合伙人当初加盟 A 公司，其实都是为了实现自己的个人私利，即取得高薪报酬和公司股权，以及未来公司上市后的利益变现。当他们发现公司发展无望时，便一走了之，没有与公司"共进退、共存亡"的决心和信念。

给上文中这种"假合伙"下一个定义，**即没有以公司的长远发展为目标，只是为了满足一己私利而成为合伙人，从而构成的合伙关系**。

与此相反，"真合伙"可以理解为，**为了实现共同的理想和目标，共同经营公司，由共创、共享、共担、共赢的合伙人构成的关系**。

共创，是指共同创造，即合伙人齐心协力，创造新的产品和服务；共享是指合伙人共同享有资源，分享利益；共担是指合伙人共同承担责任和风险；共赢是指实现公司和合伙人个人都获益的多赢结果。

10.1.3　合伙打拼，共创未来

最近笔者常听到这样的观点：现在互联网发达，只用一部智能手机，就可以自己一个人进行自媒体创业，不必找合伙人。

笔者认为，上述观点不尽然。虽然现在确实已经进入了"个体崛起"的时代，但是即便像自媒体这样的微创业形式，今后有了一定的影响力和"粉丝"量之后，要想有更大的发展，还是需要找到志同道合的合作伙伴，分工协作，共同发展的。例如，今后可能需要找到文案、编辑、制作、运营等方面的人才，分工协作。只有这样，事业才能发展壮大。

由此可见，即便是在现在各种基础设施完备、个人能力比以往有大幅度提升的情况下，比起"单打独斗"式的运营模式，"合伙打拼、共创未来"的模式仍将是主流形式。笔者得出这样的结论，主要是基于以下三点理由。

1. **个人创业，认知和能力有限。**

一个人再有能力，他的认知和能力也是有限的。与不同领域的专业人士形成能力和性格互补型的团队，胜算更大。不过，前提是合伙人之间要有共同的理念和价值观。只有满足了这个前提的情况下，合伙人模式才能发挥最大的威力。

2. **个人的资源和渠道有限。**

个人再优秀，其周围的"人、财、物"和客户渠道等资源也是有限的。

3. **自有资本出资，风险太大。**

个人创业时，资金多来自个人积蓄或亲朋好友的借款。创业风险大，成功率很低，如果失败了，对于个人经济方面将是一个巨大的打击。如果与合伙人一起出资，则不仅可以分摊风险，还可以在公司发展到一定阶段时，引进外部投资方，使其成为公司的合伙人。

国内著名风险投资机构真格基金评估项目时，判断是否投资的其中一条标准，就是看该项目有无互补型的联合创始人（合伙人）团队。

10.2 打造合伙力

合伙力，又称作合伙人精神，是合伙人制度落地六维模型的关键要素之一。如果没有合伙力作为基础，那么设计得再完美的合伙模式也无法成功落地。

10.2.1 合伙力的公式

合伙力可以用以下公式来诠释。

合伙力 = 共同的价值观 × 互补的能力 × 勤勉尽责的热情

1. 共同的价值观一定是积极向善、利他的。

最初，合伙人会因为共同的理想和信念而走到一起共创事业，如果他们从创业之初就拥有共同的价值观，比如改变一个行业，让它变得更有效率；让全体员工实现身心两个层面的幸福，有了这样的积极向善、利他的价值观作基础，事业取得成功的概率就会提高。相反地，当合伙人经营公司仅仅是为了赚取利润，把公司当作满足一己或小群体私利的工具，那么这样的合伙模式注定不会走得长远。

2. 合伙人之间具备互补的能力（或资源）。

如上文分析的那样，公司创始人一个人的认知和能力是有上限的，只有与自己能力和资源形成互补的合伙人合作，才能实现"协同作战、多方共赢"。

例如，在初创企业中，联合创始人团队一般由 CEO、CTO、CMO 组成，他们分别掌管公司的日常运营、技术研发和市场营销工作。随着公司的进一步发展，可能还会引进外部投资方及上下游的合作伙伴，作为公司的外部合伙人。

3. 具备勤勉尽责、全力以赴的热情（激情）。

稻盛和夫曾把企业中的员工划分为三种类型，即自燃型、可燃型和不燃型。自燃型员工，即自驱型人才，具备主人翁意识，把公司当作自己的企业，勤勉尽责、全力以赴；可燃型员工是指工作上并非积极主动，但经过督促、激励后，可以发挥作用；不燃型员工是指工作上消极、被动的员工，也是企业中最不受欢迎的"包袱"。

合伙模式中的成员类型，也适用上述分类标准。毫无疑问，具备老板意识的自驱型的合伙人是最受欢迎的，也是公司求之不得的。

10.2.2 华为的合伙力

案例10-2 合伙力三要素是华为合伙人模式的核心

华为是中国民营企业的优秀代表，即便是在美国制裁和新冠肺炎疫情的双重打击之下，它仍旧交出了亮眼的成绩单。2021年财年，华为实现销售收入6340亿元，净利润648.68亿元。客观地讲，华为能够取得这样的成绩，实属不易。

笔者曾在第2章介绍过华为的虚拟合伙人股权模式（TUP）。华为正是以虚拟股权模式，吸引了大量优秀的人才，构建起了华为强大的组织竞争力。这种模式也被认为是目前适合中国成长型公司操作的最先进的合伙模式。

截止到2015年12月，华为全球员工约为15万人，而其中持股的成为事业合伙人的员工约有8万人，他们的股份由工会委员会作为持股平台统一管理。华为董事长任正非持股仅为1.1%。

那么，是什么支撑华为取得如此辉煌"战绩"的呢？固然有华为创始人任正非带领管理团队制定的正确的战略方针、华为雄厚的研发实力、以用户为中心的"铁三角"模式做出的巨大贡献，但不可否认的是，华为的"合伙力"实践也是重要的成功因素之一。

1. 共同的价值观

华为的共同价值观其实有四句话："以客户为中心，以奋斗者为本，长期艰苦奋斗，坚持自我批判"。

2. 互补的能力（或资源）

华为对于各类人才的渴望，从创业之初就不曾改变过。华为目前仍是中国企业中研发人员占比较高的企业，据报道，华为 2019 年的研发投入占年销售额的 14%。

2022 年 1 月初，俄罗斯"00 后"编程天才情侣加入华为的消息引发了很大轰动。报道中的女主角当时 22 岁，是编程大赛世界冠军；男主角 20 岁，既是编程天才，又是数学天才，是女方的队友兼男友。两人双双加入了华为的俄罗斯研究所，证明了华为的"全球招募英才计划"在不断地取得进展。

3. 勤勉尽责的热情

在中国，华为的"狼性文化"尽人皆知。这也是支撑华为不断"打胜仗"的关键要素之一。华为的全体员工（包括所有事业合伙人）无一不是全力以赴、勤勉尽责的。据说，为了尽快给客户提交方案，华为的项目员工甚至多日睡在办公室，夜以继日地工作。今天华为所取得的成就，是每一位华为人在付出巨大的努力后取得的结果！

10.2.3　打造合伙力的三个方法

合伙力对于构筑健全的合伙模式至关重要，但也并非遥不可及。企业可以通过以下方法打造合伙力。

1. 派遣合伙人去外部学习提升

随着公司的不断发展，合伙人的经营能力、认知水平也需要随之提升。公司可以派遣合伙人去大学商学院等机构学习 MBA、EMBA 等管理课程，学费由公司报销。

2. 组织参观游学优秀企业

公司可以组织合伙人团队到优秀的企业参观游学，比如学习对方的公司文化，以及合伙人制度的设计和运作方法。学成归来，在公司内部组织学习讨论，就学习心得交流想法。

3. 建立企业内部的学习交流体制

成立由公司管理团队组成的读书会，每周共读一本管理书籍。读书会上每次由一名高管领读一章，然后大家交流感想。通过这种方式，一方面可以提升参加者的管理意识、认知水平；另一方面可以加强参加者对企业文化的认同感，提高管理团队的凝聚力。

10.3 打造共同的价值观

不管外面的世界如何变化，不变的是一个组织（公司）的核心价值观的精神内核。这一点在中国的优秀企业代表华为和小米等公司中有着完美的体现。

10.3.1 小米的愿景、使命和价值观

小米是中国智能产品制造商中的佼佼者，其智能手机产量已经进入世界前三。小米之所以能够取得令人瞩目的成绩，不仅是因为它拥有强大的产品研发、制造和销售能力等"硬实力"，更是因为其背后具备的强大"软实力"，包括小米的企业文化、愿景、理念和价值观。

小米的企业文化是"永远相信：美好的事情即将发生"。

这是一种简单明了、积极向上、充满未来志向的企业文化。正是因

为有了它,才让小米的全体员工明确了前进的方向和未来的目标。

透过小米的愿景、使命和价值观,每个人都能感受到小米是一家以用户为中心,努力提供优质产品和服务的公司。

1. 愿景

让每个人都能享受科技的乐趣,和用户交朋友,做用户心中最酷的公司。

2. 使命

始终坚持做感动人心、价格厚道的好产品。

3. 价值观

小米的价值观是真诚和热爱。听起来直白朴素,只有寥寥数字,而它所传递的意思却是深远的。这个价值观不仅是引领小米全体员工的行动指南,也是小米的合伙人精神的底蕴。

10.3.2 与时俱进,共创辉煌

随着时代的变迁,公司的商业模式会随着内外部环境的变化而不断升级迭代。同样,合伙人制度和模式也需要适应时代的需要,与时俱进,不断自我升级迭代。

公司在进化的过程中,需要坚守共同的价值观。对内需要明确合伙人之间的合作原则、规范;对外需要明确所能做事业的边界。企业的合伙人只要秉承"精诚团结、坚守正道、不忘初心、回馈社会"的原则,坚持不懈地精进,大概率会合作愉快,并最终取得事业上的成功。

借用马云的一句话作为本书的结尾,希望与大家共勉。

马云曾说,下一轮竞争,不是人才的竞争,而是合伙人的竞争!因此,合伙人制度代表未来十年的管理新思维。

最后，祝愿每一位创业者和奋斗者都能获得成功，在企业经营中不断成长！

思考

请你举出自己知道的一家具备良好合伙力的企业，并按照合伙力的公式，分析其三要素的特点。

参考答案

日本"经营之圣"稻盛和夫创立的京瓷，就是一家具备了合伙力三要素的企业。下面让我们对照合伙力公式，分析一下它是如何做到的。

合伙力 = 共同的价值观 × 互补的能力 × 勤勉尽责的热情

作为一家世界500强企业，京瓷公司内部拥有共同的价值观，即稻盛先生倡导的"作为人，何为正确"这一思想。它构筑了公司全体员工的底层思维，成为指导员工与合作伙伴、客户及员工之间相处的基本原则。在员工的能力互补方面，京瓷遍及全球的生产及销售网络，聚集了各地的优秀人才，形成了合力。关于"勤勉尽责的热情"这一点，京瓷员工都在践行稻盛先生倡导的"不亚于任何人的努力"，每位员工能努力成为自燃型员工，为企业做出自己的贡献。

后记
AFTERWORD

2022年8月30日，当笔者正要给一个企业家俱乐部分享"日航重建的奇迹"这个商业案例时，突然收到案例的主人公稻盛和夫辞世的消息，感到十分突然。众所周知，稻盛和夫不仅创立了自己的经营哲学，还发明了管理会计体系——阿米巴经营模式，在日本乃至全世界的很多家企业中推广并取得了很好的成果。

访谈多家导入阿米巴经营模式的中国企业后发现，与日本企业注重精神奖励的企业文化不同，中国企业的员工在需要精神鼓励的同时，可能更务实，更看重物质奖励为主的激励机制。有鉴于此，为了让它能更好地本地化，作为一种新合伙人制度，笔者在本书中提出了阿米巴经营模式与合伙人机制相结合的观点。

因此，出版本书，也是笔者个人对稻盛和夫的一种纪念。

前不久，华为创始人任正非在华为内部论坛发表的一篇"寒气论"文章《整个公司的经营方针要从追求规模转向追求利润和现金流》传遍全网。他在文中说，未来十年应该是一个非常痛苦的历史时期，全球经济会持续衰退。全世界的经济在未来3到5年内都不可能转好，加上疫情影响，全球应该没有一个地区是亮点。因此，他要求华为人不能再仅以销售收入为目标，而是要注重企业的利润和现金流。不要再讲故事，一定要讲实现。最后，他强调，把活下来作为最重要纲领，边缘业务全线收缩和关闭，把寒气传递给每个人。

优秀企业如华为，都有如此深刻的危机感，更何况一般的中小企业。

但是，我们要相信，保持危机感并不意味着对前途悲观失望。企业经营者们在正确客观地认识企业的内、外部环境的基础上，积极寻找适合自己企业的发展道路，才是走出困境、持续发展的唯一方法。

同时，越是在"寒冬"到来时，越是企业的合伙人群体坚守正确的价值观，保持"合伙力"一起奋斗，突破困局的时候。笔者希望本书中提出的打造"合伙力"的方法，能够帮助中国广大中小企业的经营者们共克时艰，稳定发展，创造辉煌。

合伙人制度也在随着时代和商业环境的变化而不断进化。笔者愿意在今后的商业实践中，不断记录并分析这些新的变化，与您分享。